文學

EVALUATION

비평은
예술작품에
관하여

의식적으로
평가하고
감상하는 일

APPRECIATION

문학비평의 이론과 실제

하상일 지음

批評

비평은
예술작품에 관하여

ANALYSE

JUDGE

분석하고
판단하는 일

신아사

책을 내면서

'비평의 위기'라는 말이 공공연하게 유포되고 있는 것이 어제 오늘의 일은 아니다. 최근 발간된 시집이나 소설집을 보면 책 말미에 항상 있기 마련이던 비평이 사라진 경우를 종종 보게 되는데, 그만큼 비평의 기능과 역할에 대한 신뢰가 무너지고 있음을 보여주는 것이 아닐 수 없다. 이런 때일수록 비평의 기능과 역할이 더욱 소중하다고 말한다면 지나친 역설이 될까? 그럼에도 불구하고 지금 비평은 문학 지형의 변화를 선도하고 작가와 독자 사이의 가교 역할을 해야 하는 비평의 본질을 심각하게 훼손시키고 있어 문제가 아닐 수 없다. '비평가도 안 읽는 비평'이란 자조적인 논평이 나올 정도로 지금 우리 비평은 심각한 소외를 겪고 있고, 생경한 이론과 관념적인 용어들로 장식된 과잉 수사로 인해 독자들과의 단절을 스스로 조장하고 있는 것이다.

이러한 현실에서 비평을 읽고 쓴다는 것은 도대체 어떤 의미를 지니는 것일까? 한 사람의 비평가로 살아가면서 지금 비평의 본질에 대한 근본적 문제의식이 절실하게 요구되는 이유는 바로 여기에 있다. 독자와의 적극적인 소통의 방식을 고민하기보다는 관념적이고 추상적인 지식의 각축장을 그럴 듯하게 연출해내는 비평가의 자의식을 비판적으로 성찰해야만 한다. 지금 우리 비평의 미래는 암담하고 참담하다. 박제화된 비평의 장을 바깥으로 끌고 나와 대중들의 말과 언어로 대화를 나눌 수 있을 때 진정한 의미에서 비평의 소통은 성취될 수 있을 것이다. 이를 위해서는 해석과 비판의 풍요로움과 자유로움을 만끽하는 열린 비평의식을 확립해야 한다. 특정한 이론에 기대어 명명과 분류의 권위로 문학작품을 묶어두려는 위계화된 비평의식은 과감히 청산해야 한다. 지금 우리 비평은 이러한 문제의식으로부터 다시, 새롭게, 시작될 필요가 있는 것이다.

대학에서 이십 년 가까이 비평 이론과 비평 창작을 가르치고 또 비평가로 살아가면서, 지금 마주하고 있는 우리 비평의 현실과 위기를 어떻게 타개해 나갈지에 대한 고민은 늘 풀리지 않는 숙제로 남아 있다. 이론 과잉의 시대에 현장과 괴리된 이론을 맹목적으로 기억하고 수용하는 차원의 비평 강의가 도대체 어떤 유용성이 있는지에 대해서 심각하게 고민하지 않은 적이 없었던 듯하다. 하지만 모든 비평의 출발은 그 이론의 엄밀한 이해와 적용에 있다는 점에서 비평 이론 자체를 무용하게 여기거나 문학 작품과 괴리된 것으로 평가하는 데는 절대 동의할 수 없다. 그렇다면 지금 왜 비평은 문학 지형에서 이렇게까지 홀대받게 된 것일까? 그것은 아마도 강단 중심의 비평이 현장과의 비평적 소통을 외면한 채 지나치게 현학적이고 관념적인 비평의 세계를 조장해온 탓이 아닐까 싶다. 즉 서구에서 유입된 생경한 이론을 소개하고 정리하는 데 급급한 나머지, 그 이론이 우리 문학 작품에 적용 가능한 것인지에 대한 객관적인 이해마저 결여되어 있는 경우가 많기 때문이다. 그 결과 비평은 대중과는 너무나도 괴리된 전문적인 영역의 차원으로 인식되어 버림으로써, 문학의 한 장르로서의 비평의 사회적 공감대와 효용적 영향력은 그만큼 감소하고 만 것이다. 이런 점에서 앞으로 비평 교육은 이와 같은 문제의식을 깊이 성찰하는 토대 위에서 비평의 대중화와 소통 가능성을 열어 가는 의미 있는 변화를 진중하게 모색해야 할 것이다.

이러한 문제의식에서 이 책은 대학의 문학 전공 학생들이 비평을 공부하고 이해하는 첫 출발로 삼기를 기대하는 마음을 담아 간행했다. 대개의 비평론이 그러하듯이 너무나 방대한 이론을 일목요연하게 정리하여 담아낸다는 것은 여간 어려운 일이 아니다. 각각의 이론을 정리하고 소개하는 것만으로도 한 권 이상씩의 분량이 필요한 게 대부분인데, 그것을 십여 페이지에 압축해서 담아낸다는 것은 어불성설이거니와, 특정한 비평가의 이론을 핵심만 간추려 한두 페이지 안에 정리한다는 것도 조금은 억지스러운 일이 아닐 수 없다. 그럼에도 불구하고 강의 교재의 특성상 요약을 거듭하여 핵심적인 내용을 중심으로 소략하게 정리하였다. 정리는 오로지 필자의 몫이었으므로, 여러 논자들의 책을 참고하고 깁고 더하기는 하였으나 어쩌면 오류를 범한 경우도 여럿 있을지 모른다. 앞으로 이러한 오류를 고쳐 더욱 체계적인 내용으로 깁고 더하는 일이 이 책을 서술하면서 필자에게 남겨진 커다란 숙제이다.

이 책의 구성은 크게 2부로 구성하여, 1부에서는 비평의 개념과 본질에 대한 개략적인 소개와 역사 전기 비평에서 심리주의, 정신분석 비평에 이르기까지 각 비평의 개괄적 정리와 이론가들의 쟁점과 주요 용어들을 간추려 소개하였다. 그리고 2부에서는 실제 비평의 사례를 보여주기 위해 현장 비평의 다양한 양상을 주제론, 작품론, 메타비평 등 종류별로 비평작품을 수록하였다. 수록된 비평은 모두 필자가 쓴 것으로, 문예지, 평론집, 시집 등을 통해 이미 발표한 것들 가운데 가려 뽑은 것이다. 이를 통해 필자는 학생들이 이론과 실제의 통합을 지향하는 비평 공부가 되었으면 하는 마음을 담았다. 이론이 이론을 기억하거나 저장하는 암기 수준으로 끝이 나거나, 이론은 전혀 무시한 채 작품에 대한 주관적인 인상이나 감상만을 담은 비평으로서의 두 가지 경우를 모두 경계하고자 하는 것이다. 오늘날 모든 사람들이 비평가일 필요는 없고 또 그럴 수도 없지만, 많은 사람이 문학작품이나 사회 현실에 대해 올바른 비평적 시각을 가질 필요는 있다고 생각한다. 특히 이 책의 주요 독자인 문학 전공 학생들에게 비평은 문학 장르로서의 협소한 범주를 넘어서 우리 사회와 현실을 사유하는 폭넓은 방향성을 찾아내는 의미 있는 통로가 될 수 있기를 기대한다. 이 책의 제목을 '문학비평의 이론과 실제'라고 정한 이유도 바로 여기에 있다.

지금 대학의 인문학은 심각한 위기에 직면해 있다. 대중 매체와 인문학 카페와 같은 곳에서는 연일 인문학 강의가 인기를 누리는 소위 인문학 광풍의 시대를 살고 있으면서도, 정작 그 중심에서 인문학의 방향을 선도할 책임이 있는 대학의 경우에는 고사 직전 상태에 있는 아이러니한 현상이 벌어지고 있는 것이다. 그럼에도 불구하고 문학에 대한 열정과 사랑을 배우고 실천하려고 문학을 전공으로 선택한 학생들의 모습을 보고 있으면 고마움과 안타까움을 동시에 느끼지 않을 수 없다. 이 책의 주요 독자가 될 동의대학교 한국어문학 학생들에게 특별한 고마움을 전한다. 함께 비평을 이야기하고 토론하는 과정을 통해 모두가 우리 사회의 변화와 성숙을 선도하는 올바른 비평적 시각을 가질 수 있기를 진심으로 바란다.

2019. 2.

하상일

차 례

Ⅰ. 문학비평의 이론

Ⅱ. 문학비평의 실제

Ⅰ. 문학비평의 이론

1. 비평이란 무엇인가

1) 비평의 개념

비평(批評, criticism)은 문학작품을 정의하고 분류하고 분석하고 평가하는 작업으로, 하나의 문학작품을 어떻게 이해하고 해석하고 평가할 것인지에 대한 총체적인 과정을 의미한다. 문학용어사전에 따르면, 비평은 "예술작품에 관하여 의식적으로 평가(evaluation)하고 감상(appreciation)하는 일"[1], "분석(analyse)하고 판단(judge)하는 일"[2]로 규정하는 데서 이러한 비평의 개념적 정의를 이해할 수 있다. 특정한 이론과 관점에 따른 객관적 평가 기준이나 비평가의 주관적 감상이나 인상 등을 통해 문학작품의 좋은 자질과 그렇지 못한 부분을 선별해내고 비판적으로 분석하고 평가하는 일련의 활동을 포함하는 것이다.[3] 이처럼 비평이란 문학 혹은 문학작품에 관한 모든 논의, 즉 문학이란 무엇인가, 문학작품의 특성과 의미에 대한 분석과 평가, 작가의 세계관과 문학작품의 관련성에 대한 이해 등 문학을 둘러싼 모든 활동을 논리적이고

---

1) J. T. Shipley(ed), *Dictionary of World Literary Terms*, Boson: The Writer Inc. Publishers, 1970, p.66.

2) Roger Fowler(ed), *A Dictionary of Modern Critical Terms*, London: Routledge & Kegan Paul, 1973, p.42.

3) '비평(criticism)'이란 용어는 희랍어 Krinein, 라틴어 criticus에서 나온 말로, 희랍어 Krinein은 분할, 구분 도는 결정한다, 식별한다, 권위 있는 의견을 말하다 등의 뜻을 가지고 있으며, 라틴어 criticus는 재판관, 감정가, 심사원 등의 뜻을 가지고 있다. 구인환 구창환,『문학개론』, 삼영사, 1976, p.342.

분석적인 언어로 진술하는 일체의 활동을 포괄적으로 의미한다. 이를 통해 비평가는 작가와 독자 사이에서 문학작품의 내적 의미와 외적 가치를 올바르게 전달하고 평가함으로써, 문학 그 자체의 성격과 사회역사적 역할에 대한 비판적 성찰의 기능을 담당한다고 할 수 있다.

물론 이러한 비평의 기능과 역할을 문학작품에 한정하여 그 대상과 범주를 제한할 필요는 없다. 그리고 비평이 특정한 이론과 관점에 입각한 지적인 독서 과정과 전문가적 견해에 반드시 바탕을 두어야만 하는 것도 아니다. 비평은 지금 우리가 살아가고 있는 세상에서 접할 수 있는 사건과 현상 그리고 사물을 인식하고 평가하는 총체적인 활동이란 점에서 가장 일상적인 글쓰기 행위의 한 가지일 수도 있기 때문이다. 이런 점에서 비평은 문학작품을 비롯하여 세상의 모든 사물과 현상을 텍스트로 삼아 그것에 대해 주관적이든 객관적이든 해석하고 논평하는 활동 전반을 의미한다는 점에서 상당히 문제적인 장르이다. 특히 이와 같은 비평이 세속화되고 자본화된 세상의 여러 가지 문제점들을 비판적으로 성찰하는 기능을 담당한다는 점에서, 철학과 역사에 토대를 둔 인문학적 깊이와 결합한다면 더욱 의미 있는 비평 작업을 이루어 낼 수 있을 것이다. 따라서 비평은 텍스트로 환원된 세상의 모든 것들을 다양한 관점으로 읽어내고, 그것에 대한 생각과 느낌을 글로 쓰는 인문학적 행위로 심화될 때 가장 빛을 발한다. 즉 특정한 학문과 분야에 국한된 지위를 넘어서 인문학적으로 글을 읽고 쓰는, 그래서 당면한 현실과 소통하고 대화하는 열린 가능성으로 확장되어 나아갈 때 더욱 생산적인 비평 세계를 열어나갈 수 있는 것이다. 지금 우리가 마주한 현실은 그 어느 때보다 비평의 역할과 기능이 중요하게 요구되는 시대라는 사실을 반드시 기억할 필요가 있다.

2) 비평의 네 가지 관점

문학작품을 어떻게 해석하고 평가할 것인가라는 비평의 본질은 여러 가지 관점에 의해서 그 가치가 달리 부여된다. 다른 예술작품과 마찬가지로 문학작품 역시 '보편적'인 영구성과 '역사적'인 유동성이 공존하므로, 어떤 기준과 시각 혹은 어느 시대의 관점에서 바라보느냐에 따라 그 해석적 지점은 상당한 차이를 보이기 마련인 것이다. 결국 문학작품은 시대의 변화와 역사의 흐름에 따라 비평가나 독자들이 다양한 관점에서 해석하고 평가하는 과정을 통해 전개되는 '동적 구조'를 지닌다. 물론 문학작품 그 자체는 작가에 의해 개작이 이루어지지 않는 이상 크게 변하는 것은 아니지만, 역사와 시대의 변화 그리고 독자나 비평가의 관심이 달라진다면 동일한 작품에 대한 평가는 전혀 다른 가치와 지향을 보일 수밖에 없는 것이다. 이런 점에서 비평은 관점을 어떻게 설정하느냐가 무엇보다도 중요하다. 에이브럼즈(M. H. Abrams)는 「거울과 램프(The Mirror and the Lamp)」에서 문학적 관점을 세계, 작가, 독자, 작품의 측면에서 크게 네 가지 유형[4]으로 나누었는데, 비평의 관점 역시 이러한 네 가지 유형에 기본적인 바탕을 두고 있다.

① 모방론적 관점과 '재현적 진실'

모방론적 관점은 문학을 현실과 인생의 모방(재현, 반영)으로 보는 것으로, 작품 속에 재현된 세계에 가장 중요한 문제의식을 두는 태도

4) M. H. Abrams, *The Mirror and the Lamp*, Oxford Univ. press, 1953, pp.3~29.

이다. 즉 작품 속에 드러난 세계와 현실이 얼마나 진실하게 시대를 반영하거나 재현하고 있느냐가 작품의 좋고 나쁨을 판단하는 기준이 되는 것이다. 이러한 관점에서 문학과 예술의 가치를 판단하는 전통적인 견해로 플라톤의 '시인 추방론'이 있다. 플라톤은 '탁자'를 대상으로 설명하면서, 하느님이 이데아(진실)를 창조했다면 목수는 이데아를 모방하여 탁자를 만든 1차적 모방자이고, 화가는 탁자를 모방하여 그림을 그렸기 때문에 2차적 모방자가 된다고 보았다. 결국 화가가 그려낸 탁자의 그림은 이데아의 세계로부터 더욱 멀어진 세계이므로, 대상과 세계를 모방하는 예술적 행위는 결과적으로는 이데아라는 진실과 더욱 멀어진 세계를 보여준다는 점에서 부정적으로 평가했다. 반면 아리스토텔레스는 인간은 대상과 세계를 모방하려는 본능을 지니고 있고, 이러한 모방본능에 의해 창조된 세계 곧 작품을 통해 즐거움을 느끼므로 문학과 예술은 탄생하는 것이라고 봄으로써, 예술 창조에 있어서 모방론이 지닌 긍정적인 영향을 평가하였다. 아리스토텔레스는 세계의 진실은 개별적인 특수한 사실 한 가지에서만 찾을 수 없는 것이므로, 그러한 개별적인 사실을 기술하는 역사와 달리 문학은 있음직한 일, 있을 수 있는 일을 다룬다고 보았다. 따라서 문학은 역사보다 훨씬 가치 있는 진실을 다루는데, 문학에서의 진실은 대상 그 자체의 모방이 아닌 개연성(蓋然性, probability)을 모방한다는 점에서 특별한 의미가 있다는 것이다. 이처럼 모방론적 관점은 전통적으로 문학과 예술을 평가하는 데 있어서 가장 기본적인 관점이 되어 왔고, 모방의 결과로 창조된 세계의 진실성을 평가하는 관점과 기준에 대한 구체적인 접근으로 다양한 비평적 시각을 열어냈다고 할 수 있다.

모방론적 관점에서 작품을 평가하는 가치기준인 '재현적 진실'은 크게 두 가지 측면에서 이해할 수 있다. 첫째는 작품 속의 세계가 인간의 삶을 일상적으로 재현하는 '있는 그대로의 인생'을 담아내야 한다는 것이고, 둘째는 일상적 현실 너머의 보편적 진실을 추구함으로써 당면한 현실의 구체성을 지속적이고 일반적인 측면에서 규범화하려는 '있어야 하는 인생'으로서의 세계를 형상화해야 한다는 것이다. 결국 전자에서 '재현적 진실'은 '일상적 세계의 진실'을 의미하고, 후자는 '당위적 세계의 진실'을 지향한다. 따라서 전자는 '리얼리즘적'이고 후자는 '고전주의적'이라는 점에서 차이성을 드러낸다. 하지만 일상적이든 당위적이든 문학 속의 세계는 현실과 사회의 모습을 담아낸다는 점에서는 동일하다. 이런 점에서 모방론은 문학작품을 통해 사회의 모습과 변천과정을 이해하려 한다는 점에서 정치적인 측면이 강하게 부각된다. 현실을 반영하는 모방론의 관점은 리얼리즘의 관점에서 작품 속의 현실로부터 당면한 실제 현실의 모습을 발견하려는 시각이 두드러지는 것이다. 그러나 이러한 태도는 문학은 허구적 구성물이라는 본질적 측면에는 어긋나는 것으로, 문학 속의 현실은 실제 현실을 모방하거나 반영하더라도 상당히 많은 변용이 일어난다는 사실을 간과해서는 안 된다. 문학과 현실을 지나치게 동일시함으로써 문학작품보다 실제 현실에 더욱 많은 관심을 기울이는 태도는 모방론이 지닌 결정적인 한계로 작용하기도 하는 것이다.

② 효용론적 관점과 '문학의 기능'

효용론적 관점은 문학을 '전달'로 보고 독자에게 끼치는 영향을 주목하여 평가하는 것이다. 즉 문학작품에 대한 독자의 반응에 초점을 두고 이러한 목적성이 얼마나 효율적으로 구현되느냐에 따라 그 가치를 판단하는 것을 의미한다. 이것은 문학의 기능에 특별히 주목하는 것으로, 크게 '교훈적 기능'과 '쾌락적 기능'으로 구분한다. 진리의 전달이라는 측면에서 문학작품의 의미를 해석하고 평가하는 것이 교훈적 기능을 중시하는 태도이고, 정서의 전달이라는 측면에서 문학작품의 가치를 부여하고 판단하는 것이 쾌락적 기능을 중시하는 태도이다. "시는 가르치고 즐거움을 주려는 의도를 가진 말하는 그림이다"라고 정의한 시드니(S. P. Sidney)의 견해나, "시는 유용하고 즐거이 진리를 말하는 것이다"라고 말한 아놀드(M. Arnold)의 견해는 모두 효용론적 관점의 대표적인 예다. 또한 중국 고대 민요가 주종을 이룬『시경』의 시편들을 한 마디로 '사무사(思無邪)'라고 규정한 공자의 시관(詩觀)은 동양의 전통적인 효용론의 관점이라고 할 수 있다. 특히 동양에서는 문학을 인격 수양의 수단이나 교화의 수단으로 삼는 재도지기(載道之器)의 관점에서 바라보았다는 점에서 효용론적 문학관이 지배적이었다는 사실을 주목할 필요가 있다.

이처럼 효용론적 관점은 문학작품과 독자의 관계를 설명하는 데 아주 유용한 이론이다. 독자들이 선호하는 작품은 무엇이고, 왜 그러한 작품을 좋아하는지, 그리고 문학작품이 어떠한 역사와 현실을 담아내야 하며 어떤 시대를 증언하고 비판해야 하는지에 대한 독자들의 생각과 가치를 파악하는 데 필수적인 관점이 되는 것이다. 개화사상을 반영하는 장르적 변형으로 개화기 문학의 다양한 양상이 나타나거나, 문학을 정치적 선동의 수단으로 삼아 역사와 현실을 선도하는 교훈적 기능을 극대화했던 식민지 시기 카프문학이나 1960~70년대 참여문학 그리고 1980년대 이후 노동문학 등의 장르적 특성과 의미는 바로 이러한 독자의 시대적 요구에 부응하는 문학적 대응이었다는 점에서 철저하게 효용론적 입장에 있었다고 할 수 있다. 결국 효용론적 관점은 저자와 작품(텍스트)의 관계를 중심으로 문학을 바라보는 태도를 넘어서 작품(텍스트)과 독자의 관계를 무엇보다도 중시하는 태도로 전향한 것으로 이해할 수 있다. 이러한 독자지향성은 '주체의 죽음' 혹은 '저자의 죽음'이라는 극단적인 경향을 불러옴으로써, 작가에 의해 완성된 닫힌 텍스트가 아닌 독자에 의해 새롭게 창조되는 열린 텍스트로서의 가능성을 보여주었다. 문학에서 독자의 기능과 역할이 단순한 소비자로서의 차원에 머무르지 않고 또 다른 저자의 역할을 수행하는 생산자로서의 기능을 적극적으로 수행한다고 보는 것이다.

③ 표현론적 관점과 '독창성' 혹은 '개성'

표현론적 관점은 문학을 작가 자신과 관련시켜 보는 것으로, 문학을 감정의 표현이나 작가의 지각이나 사상과 감정에 작용하는 상상력의 산물로 정의한다. 즉 작가의 체험을 바탕으로 한 '자기 표현(self expression)'의 주관성에 의존하는 것으로, 문학작품은 작가의 창조적 상상력의 산물이고 작가의 의식이나 존재가 그 자체로 빛을 발하는 것이 예술적 형상화의 과정이 된다는 것이다. 이런 관점은 작가의 고유한 독창성이나 개성을 강조하는 낭만주의 문학관의 주된 관점이라고 할 수 있는데, 여기에서 가장 중요한 가치 기준은 '성실성(sincerity)'에 있다. 이것은 고전주의의 가치 기준인 '적격(decorum)'과 대립되는 것으로, 왕은 왕다워야 하고 영웅은 영웅다워야 한다는 일종의 문학적 에티켓이 정형화되고 패턴화되는 고전주의의 창작 원리를 비판하는 것이다. 결국 표현론적 관점은 이러한 적격의 파괴를 통해서 얻어지는 독창성과 개성을 가장 중요한 문학적 평가 기준으로 삼는다.

앞서 모방론에서는 대상과 세계의 재현적 진실이 가치 기준이었지만, 표현론은 작가 자신의 진실성을 가치 기준으로 삼는다. 표현론에서 강조하는 성실성은 작가 개인의 비전이나 마음의 상태에 대한 진실성이라는 점에서, 관습화되고 정형화된 규칙과 패턴을 넘어서서 작가 자신의 마음 상태에서 표현되는 세계의 진실성을 무엇보다도 중요하게 평가하는 것이다. "시는 상상과 정열의 언어다"(헤즈릿, W. Hazlitt), "시는 강한 감정의 자연적 발로다."(워즈워드, W. Wordworth), "시는 일반적 의미로 상상의 표현이다."(셸리, P. B. Shelly)라는 시에 관한 정의는 모두 표현론적 관점에서 문학을 바라보는 태도이다. 또한 코울리지(S. T. Coleridge)는 "시란 무엇인가 하는 질문은 시인은 어떤 존재인가라는 질문과 동일하다."[5]라고 했는데, 이처럼 작가가 원인이고 작품이 결과가 된다는 명제 역시 표현론적 관점에 해당한다.

이러한 관점에서 우리는 문학작품을 통해 그것을 쓴 작가의 삶과 태도를 동일시하려는 태도를 종종 갖게 된다. 하지만 작가와 작품을 인과론적으로 이해하는 태도는 작가의 의도와 작품이라는 결과를 무조건적으로 동일시하는 데서 오는 심각한 오류를 범할 우려가 있다는 '의도의 오류'라는 비판을 피하기 어렵다. 작가와 작품은 상당히 가까운 친연성을 지닌 것은 분명 사실이므로 작가의 삶과 가치관을 통해 작품의 의미를 해석하고 규정하는 것은 일면 타당하다. 하지만 창작의 과정은 작가의 의도가 반드시 온전하게 실현되는 단순한

5) 김준오, 『시론』, 삼지원, 2018, 21쪽에서 재인용.

과정이 아니므로 언제나 작가의 의도는 작품 속에 올바르게 실현되지 못하는 경우가 많다는 점을 간과해서는 안 되기 때문이다. 따라서 작품 속 세계를 작가 그자체로 보기보다는 작가의 가면(persona)적 세계라고 보는 것이 타당하다는 데서 '화자'나 '서술자'의 개념이 등장한다. 이 또한 작가와 작품의 관련성이 밀접하다는 데서 기인한 것이므로 표현론적 관점은 문학의 본질적 명제가 되지 않을 수 없고, 작가의 세계관이나 삶의 태도는 그의 작품을 규정하는 가장 강력한 원인이 된다는 점에서 작가와 작품을 분리해서 보는 시각도 무조건 타당하다고 볼 수는 없다.

④ 구조론적 관점과 '객관성' 혹은 '자율성'

구조론적 관점은 문학작품을 그 자체로 취급하는 것으로, 작가와 독자 그리고 세계와 대상과 독립하여 자율적으로 존재하는 것으로 규정하는 것이다. 문학이 언어로 만든 구조물이라는 객관성과 자율성을 외면하고 작가와 독자 그리고 세계라는 작품 외적 요인에 가치평가 기준을 두는 것은 문학 평가를 둘러싼 여러 가지 오류를 범하게 된다고 보는 것이다. 따라서 문학을 외적 조건, 즉 작품이 생산된 시대의 사회 역사적 조건이나 작가와 독자의 심리적 반응 등이 아닌 작품 그 자체의 내적 조건을 주목하는 내재적 연구 방법론이 바로 구조론적 관점이다. 여기에서 내적 조건이란 언어의 본질에서 구축되는 미적 특성으로, 문학의 언어를 일상 언어와 구별되게 하는 특수한 언어사용으로 보는 것이다. 즉 언어, 리듬, 이미지, 비유, 상징, 어조와 같은 내적 조건이 문학 작품의 의미를 평가하는 가장 중요한 기준이 되어야 한다는 것이다. 이러한 구조론적 관점은 러시아형식주의와 신비평을 중심으로 전통비평의 한계를 비판하는 다양한 이론으로 전개되었는데, 문학의 해석과 분석을 주관적이고 인상적인 차원을 넘어서는 과학적이고 체계적인 모형으로 정착시켰다는 점에서 특별한 의의가 있다.

문학이 현실과 구분되는 허구적 구성물이라는 점에서 '구조'는 의미 있는 변별점이 된다. 이 때 구조는 '유기체'와 같은 것으로, 각각의 내적 기관들이 긴밀하게 관련을 맺으며 생명체를 형성하는 것과 유사한 속성을 지닌다. 즉 구조는 한 작품의 전체를 가리키는 말이지만 전체가 각각의 부분을 통합한 것보다 더 클 수도 있다는 점에서, 부분들의 총화라는 단순한 기계론적 개념을 넘어서는 미적 가치를 포함하고 있다는 데 본질적 특성이 있다. 또한 각각의 부분적 속성들은 그것들이 어떻게 조직되고 구성되느냐에 따라 그 전체적 양상도 달라질 수 있으므로, 구조는 선험적으로 결정된 형식이 아니라 끊임없이 움직이고 변화하는 유기체로서의 속성을 지닌다고 할 수 있는 것이다. 이처럼 문학작품을 구조로 본다는 것은 미적 가치를 지닌 것으로 평가한다는 것을 의미한다. 여기에서 형식과 내용으로 구분하는 이분법적 접근은 지나치게 기계론적 태도이다. 문학에서 형식은 내용으로 인해 규정되고 내용은 형식이 있어 그 의미를 효과적으로 드러낼 수 있다는 점에서, 형식과 내용은 명백히 구분할 수 있는 것이 아니라 유기적으로 통합된 세계라고 보는 것이다. 이처럼 구조론적 관점은 체험의 단순성을 비판하고 언어구조물로서의 문학작품의 복잡성을 중요한 미적 가치로 삼는다. 개성에 맞지 않는 다양한 체험들을 수용하고 서로 상반되고 이질적인 체험들을 융합시켜 조화를 이루도록 하는 유기적 통일체로서의 문학작품이 가장 가치 있는 문학이라고 평가하는 것이다.

3) 비평의 분류와 방법

비평은 그 대상에 따라 원리비평(原理批評, theoretical criticism), 실천비평(實踐批評, practical criticism), 메타비평(meta criticism)으로 구분된다. 원리비평은 문학의 본질과 기능에 대한 이론적 체계를 정립하거나 설명하는 것이고, 실천비평은 작가나 작품에 대해 구체적으로 분석하고 평가하는 것을 말하고, 메타비평은 비평 텍스트를 대상으로 비평을 하는 비평의 비평을 의미한다.

① 원리비평

원리비평은 문학의 본질, 기능, 목적, 방법 등 문학 전반에 대한 이론적 체계나 장르론적 특성 등을 원론적으로 서술하는 것을 말한다. 작품을 평가하는 이론적 근거를 제공하는 것으로, 시론, 소설론 등의 각 장르별 이론이나 문학사나 비평방법론에 대한 정립으로 구체화된다. 원리비평은 이론적 체계를 통해 문학작품을 평가하는 비평적 관점, 즉 비평관을 확립하고, 작품을 실제적으로 비평하는 데 있어서 이론적 근거를 구축하는 데 본질적인 목적이 있다. 동서양을 대표하는 원리비평의 실제로 아리스토 텔레스의 『시학(詩學)』과 유협의 『문심조룡(文心雕龍)』이 있다. 근대에 들어와서는 I. A. 리처즈의 『문학비평의 원리』, 웰렉과 워렌의 『문학의 이론』, G. 루카치의 『소설의 이론』, N 프라이의『비평의 해부』등이 대표적인 원리비평에 해당한다. 우리나라의 경우 이광수가 쓴「文學이란 何오」가 있는데, 이 평론은 문학의 정의, 문학과 도덕, 문학과 민족성 등에 관한 논의를 담은 것으로 근대 초기 문학 이론의 정립에 대한 문제의식을 담고 있어서 주목된다.

② 실천비평

실천비평은 가장 일반적인 비평 형식으로 문학이론이 아닌 실제로 발표된 작품에 대한 구체적인 분석과 해석을 하는 것을 말한다. 물론 분석과 해석은 비평가의 주관적 영역인 동시에 객관적인 이론에 바탕을 두는 것이어서, 실천비평과 원리비평은 명확하게 분리되는 것이라기보다는 실천비평 안에 이론적 근거로서 원리비평이 포함된다고 할 수 있다. 문학비평이 이론을 정립하기에 앞서 작품과 구체적으로 만나는 행위라는 점에서 실천비평은 다양한 형식으로 실현된다. 한 작가의 문학 세계 전반을 작가의 생애나 작품 전체에 걸쳐 분석하고 평가하는 작가론 혹은 시인론, 특정한 작품이 지닌 의미를 세밀하게 해석하고 의미화하는 작품론, 특정한 주제나 시대별 문학적 특징을 중심으로 문학작품들의 의미를 종합적으로 이해하는 주제론, 시인이나 소설가의 작품집에 대한 해설이나 서평 등 여러 가지 형식으로 실천비평은 구체화된다. 학술논문의 경우도 엄밀하게 말해서 비평적 활동의 결과라고 할 수 있는데, 다만 비평가의 주관성보다는 원리비평의 이론적 근거에 입각한 객관적 비평을 지향한다는 점에서 일정한 차이가 있다. 한국문학사에서 주목할 만한 실천비평의 사례로는 김동인의『춘원 연구』와 김윤식의『이광수와 그의 시대』를 비롯한 작가론 연구

등이 있다.

③ 메타비평

메타비평은 비평에 대한 비평으로, 비평에 의해 평가된 작품 세계나 구조에 대한 이론을 재평가하는 것을 의미한다. 즉 원리비평에서 제시된 이론의 타당성 여부를 비판적으로 검토하거나 작가와 작품에 대한 비평적 평가에 대해 그 논리적 오류나 정당성이 있는지를 평가하는 것이다. 이러한 비평의 특성상 메타비평은 논쟁적일 수밖에 없는데, 대부분의 비평사가 논쟁사로 흘러왔다는 사실은 바로 이러한 특성에서 비롯된 것이다. 즉 한국현대문학비평사를 개괄적으로 살펴보면, 1920년대 카프 진영 내부에서 박영희와 김기진 사이에서 있었던 내용과 형식 논쟁, 민족문학과 프로문학 진영 간의 논쟁, 1950년대 전후 실존주의 논쟁, 1960년대 순수 참여 논쟁, 1970년대 민족문학 논쟁, 1980년대 민중문학을 둘러싼 논쟁 등을 통해 비평의 메타적 기능과 역할에 대한 중요성을 알 수 있다. 물론 이러한 메타비평 역시 원리비평이나 실천비평과 명확하게 구분되는 것이라기보다는 양자를 모두 공유하는 비평 그 자체에 대한 성찰적 기능을 담당한다고 할 수 있다. 이러한 메타비평의 건강성을 유지하고 발전시키는 데서 문학을 둘러싼 제도나 시스템의 올바른 정착을 이루어낼 수 있다. 2000년대 들어 뜨겁게 논의되었던 문학권력논쟁이나 주례사비평의 폐해에 대한 비판은 메타비평의 실천적 역할을 진정성 있게 고민하게 했다는 점에서 상당히 중요한 의미를 지닌다고 평가할 수 있다.

2. 역사전기비평

1) 역사전기비평 개관

역사전기비평은 역사주의 비평과 전기적 비평을 포괄적으로 일컫는 것으로, 문학과 역사 그리고 현실의 관계를 중요시하는 기본적인 관점을 토대로 작가의 전기는 물론 언어의 변화와 영향 관계를 검토하는 원전비평적 성격도 아울러 지니고 있다. 이처럼 역사전기비평은 문학작품의 외부적 요인들을 상세하게 규명함으로써 작품을 분석하고 이해하는 데 실질적인 도움을 주려고 하는 것이다. 그러므로 작품 내부만으로는 이해할 수 없는 작품 외부의 실증적 자료에 크게 의존하는데, 작품의 발표 연도, 작가의 생애, 원본의 확정 등은 역사전기비평의 주요한 방법론이 된다. 결국 이러한 연구방법은 문학작품을 올바로 이해하기 위한 필수적인 예비 작업으로서의 성격을 지녔다고 할 수 있다.

역사전기비평은 17세기 말 이후의 진화론적 사고에 커다란 영향을 받았는데, 문학작품을 인과적 원리에 기초한 결정론적 시각에서 이해하고 평가하고자 한다. 즉 문학작품을 반복될 수 없는 하나의 역사적 산물이라고 보고, 작품이라는 결과를 이해하기 위해서는 이러한 결과를 낳게 만든 원인들을 분석함으로써 그 본질적 의미를 알아낼 수 있다고 보는 것이다. 예를 들어 만해 한용운의 「님의 침묵」이라고 하는 문학작품을 올바로 이해하기 위해서는 이러한 작품으로서의 결과를 만들게 된 원인을 규명할 필요가 있는데, 발표 시점인 1920년대라는 역사적 상황과 '불교유신론'을 쓴 승려로서의 한용운의 전기적 측면을 실증적으로 살펴봄으로써 '님'의 상징적 의미를 비롯한 작품 전체의 맥락을 이해할 수 있다는 것이다.

이처럼 문학을 인과론적이고 진화론적인 입장에서 원인과 결과의 관계로 이해하고 그 원인에 대한 탐색을 주요한 문학연구방법론으로 삼은 비평가로 프랑스의 생트 뵈브(Saint Beuve)와 텐느(H. Taine)가 있다. 먼저 생트 뵈브는 실증주의적이고 과학적인 비평을 추구하면서 '정신의 박물지(博物誌)'로서의 비평을 표방하였다. 즉 생활환경, 교육이나 교우관계, 성격 등 작가의 객관적인 조건을 정밀하게 검토함으로써 작품의 의미를 온전히 이해할 수 있다고 보았던 것이다. 따라서 그는 '그 나무에 그 열매'라는 비유를 통해, 나무(작가의 외적 조건)를 알면 무슨 열매(작품)가 열릴지 알 수 있듯이, 외적 조건을 실증적으로 살펴보면 작품의 의미가 무엇인지를 정확하게 밝혀낼 수 있다고 주장했다.

> 나에게 문학 문학작품 – 은 인간과 그의 성품으로부터 전혀 독립된 것도 아니며 분리되는 것도 아니다. 나는 문학작품을 즐길 수 있지만, 그것이 작가 자신을 아는 일과 무관하다고 판단하기는 어렵다. 나는 서슴없이 '그 나무에 그 열매'라고 말하고 싶다.[6]

인용문에서 알 수 있듯이, 생트 뵈브는 문학작품은 그것을 쓴 작가의 환경적 요인으로부터 가장 큰 영향을 받는다는 점에서, 작가에 대해 가질 수 있는 모든 의문을 풀어나가는 것이 작품을 이해하는 핵심

6) S. N. Grebstein, Perspective in Contemporary Criticism, Binghamton : State University of New York, 1968, p. 2. 이선영 편, 『문학비평의 방법과 실제』, 삼지원, 1991,12~13쪽에서 재인용.

적인 접근이 되어야 한다고 보았다. 그가 언급한 '성품'은 작가의 환경으로부터 기인한 일종의 정신 상태를 포괄적으로 드러낸 말로, 예를 들어 그가 좋아하는 것과 싫어하는 것, 종교에 대한 생각, 직업에 대한 인식, 역사와 현실에 대한 태도, 가정환경과 교우 관계 등 작가의 일상적 경험으로부터 정립된 모든 의식이 그의 문학작품을 결정짓는 중요한 요인으로 작용한다는 것이다.

테느는 생트 뵈브의 주장을 더욱 체계화해서 문학을 결정하는 세 가지 요인을 제시했는데, 종족(race), 환경(milieu), 시대(moment)이다. 첫째, 종족은 유전적이고 선천적인 기질로 한 종족이나 민족의 뚜렷한 특성으로 작용하여 문학의 형성에 영향을 미친다. 둘째, 인간은 그가 처한 주위 환경이나 생활 습관 등으로부터 많은 영향을 받는 데서 문학의 특성이 결정된다는 것이다. 셋째, 외적 세력이 내부 세력에 영향을 미치는 시대를 중시할 필요가 있는데, 모든 작품이 창작된 시대를 주목함으로써 그 의미를 더욱 명확하게 이해할 수 있다는 것이다. 테느의 이러한 구분은 민족적 성격, 사회적 풍토, 역사적 순간이라는 외적 요인이 문학 창작과 연구의 중요한 바탕이 되고 있음을 의미한다. 하지만 이러한 관점은 역사와 현실에 토대를 둔 문학작품의 외적 의미를 분석하고 이해하는 데는 상당히 중요한 문제의식을 제시하고 있지만, 종족, 환경, 시대의 세 가지 요인이 문학 창작의 절대적 원인으로 작용한다고 보기에는 여러 가지 한계가 있음을 부정하기 어렵다. 그럼에도 불구하고 이와 같은 연구방법은 문학작품을 이해하는 보조적이고 예비적인 작업으로는 상당히 큰 성과를 얻을 수 있다. 특히 이러한 실증주의적 방법은 확실성과 객관성을 보장한다는 점에서 주관적 해석이 지닌 위험성을 해소하는 신뢰를 얻을 수 있다는 점에서도 의미가 있다.

역사전기비평은 크게 두 가지 방향에서 구체적인 비평 양상을 드러내는데, 원본의 확정, 언어의 규명 등에 토대를 둔 서지 주석적 작업을 통한 원전비평과 작가의 전기 및 작품 발표 연도, 시대적 배경 고찰, 작품들의 상호 관련된 맥락 및 문학사와 영향 관계 검토에 바탕을 둔 전기비평이 바로 그것이다.

2) 원전비평(textual criticism)

원전비평은 텍스트의 본래성을 재구해내는 작업으로 작가가 의도한 작품의 원형을 실증적으로 규명하는 문학비평의 가장 기초적인 방법이다. 프레드슨 바우어즈는 "한 작가의 텍스트 본래의 순수성을 회복하는 한편 판을 거듭함에 따라 생기는 와전(corruption)으로부터 그 순수성을 보존하는 것"[7]이 원전비평이라고 정의한 바 있다. 즉 한 작품을 비평하거나 연구하기에 앞서 그 작품의 본래 모습에 대한 정확한 규명이 되지 않는다면, 결국 잘못된 원전으로 비평과 연구가 이루어지게 되므로 그 결과를 절대 신뢰할 수 없을 뿐만 아니라 해석에 있어서도 결정적인 오류를 피하기 어렵다. 따라서 텍스트의 확정은 비평을 하는 데 있어서 가장 선행되어야 할 작업이고 반드시 전제되어야 할 과정이라는 점에서, 최근 비평과 연구에 있어서 원전비평의 중요성은 더욱 강조되고 있다.

원전비평의 일반적 과정은 문서적 증거 수집 및 분석, 기본 텍스트

---

7) 프레드슨 바우어즈, 「원전비평」, 노드롭 프라이 외, 김인환 역, 『문학의 해석』, 홍성사, 1979, 60쪽.

의 설정, 이본 비교, 판본의 확인, 결정본 확정 등을 거쳐 아주 엄밀하게 이루어진다.

① 문서적 증거 수집 및 분석

현재 확인되는 모든 문서와 자료들, 즉 작가의 육필 원고, 초간본, 수정본, 이본 등을 참고하여 작가가 원래 발표할 때의 순수한 의도가 가장 잘 반영된 형태를 확정하는 과정이다. 이러한 작업에 있어서 무엇보다도 중요한 것은 문서적 증거 자료를 충분히 확보하여 아주 상세하게 검토하는 과정을 반복하는 것으로, 실증성과 객관성의 여부가 결과의 신뢰성을 끌어올리는 결정적인 조건이 된다. 즉 작가가 남긴 모든 문서적 증거를 바탕으로 작품의 훼손된 부분이나 와전된 양상 그리고 인쇄상의 오류, 작가의 착오 등을 전면적으로 교정하고 보완함으로써, 가능한 한 작가의 창작 의도에 최대한 가까이 다가가는 결정본을 완성해 가는 기초적인 비평 작업이라고 할 수 있다.

② 기본 텍스트의 설정과 이본 및 개작 비교 검토

원전비평에서 가장 어려운 부분은 이본이나 개작이 많아서 기본이 되는 텍스트를 설정하는 과정이 복잡할 때이다. 개작의 경우는 작가가 생존해 있다면 특별한 문제없이 작가 자신이 마지막으로 수정한 텍스트를 결정본으로 삼는 것이 가장 적절하지만, 현존 작가가 아닌 경우에는 초판본에서 마지막 판본에 이르는 개작의 과정에서 발생하는 여러 문제들에 대한 객관적인 분석 과정이 요구된다. 이본의 경우는 더욱 복잡해서 수많은 이본 가운데 가장 최선본이나 최고본이 될 수 있는 텍스트를 어떻게 결정하느냐가 중요한 관건이다. 이러한 기본 텍스트의 설정은 다른 이본들과의 비교 검토 과정을 거치는 데 있어서 기준점의 역할을 한다는 점에서 중요한 의미가 있다.

③ 판본의 확인

대체로 인쇄된 형태로 보급되는 문학작품의 경우 출판 과정에서 여러 차례 실수를 반복하여 오류를 그대로 답습하는 심각한 와전이 발생할 경우가 많다. 따라서 여러 이본이나 판본들을 연대순이나 발표매체 순으로 정리하여 선후 관계를 규명하는 작업과 차이에 대한 다각적인 분석과 해석 작업이 필요하다. 이러한 과정은 서지학의 도움이 절대적으로 요구되는데, 특히 고전문학 연구의 경우 종이의 질, 인쇄술, 잉크, 활자체 등과 같은 정밀한 접근이 시도된다.

④ 결정본 확정

원전 확정을 위해 여러 절차를 거쳐 가장 믿을만한 텍스트를 확인하고 그 근거를 명확히 했다면 최종 결정본을 확정하는 작업을 해야 한다. 앞서 이루어진 텍스트 확정 과정을 여러 차례 수행함으로써 텍스트의 신뢰성을 높이는 것은 물론이거니와, 원전을 현재의 어법이나 관습에 맞게 일정 부분 수정을 가할 것인지 아니면 원래 모습 그대로를 보존할 것인지에 대해서도 심사숙고할 필요가 있다. 대체로 명백한 오류나 오기의 경우 현재의 관점에서 교정하고 수정하는 것이 필요하다는 교열주의를 수용하고는 있지만, 오류나 오기에 대한 판단이 자의적이고 주관적이어서 오히려 본래의 모습을 훼손할 수도 있다는 점에서 교열은 아주 엄정한 근거를 갖고 해야 한다. 또한 어법의 경우도 일반 대중들을 위한 결정본이냐 아니면 전문 연구자들을 위한 결정본이냐에 따라 최종 결과는 달리 적용할 수밖에 없다는 점도 충분히 고려해야 한다. 무엇보다도 결정본 확정은 비평과 연구의 가장 기본적인 토대를 제공하는 것이란 점에서, 객관성과 실증성이라는 엄격한 잣대를 벗어나게 되면 또 다른 오류와 와전을 재생산하는 결과가 될 수 있다는 점을 절대 간과해서는 안 된다.

3) 전기비평(biographical criticism)

전기 비평은 작품 해석에 있어서 작가와 작품을 결부시켜 작가의 성장 과정이나 교육 정도, 교우 관계, 일상적인 습관 등 전기적(伝記的)인 자료를 작품 평가의 중요한 기준으로 삼는 비평을 말한다. 문학 작품 그 자체보다는 그것을 창작한 작가의 개인적 면모와 사회적 활동 등이 작품을 이해하는 중심적 요인이 된다고 보는 작가 중심적 연구의 성격을 지닌다. 이러한 비평 방법은 앞서 언급한 생뜨 뵈브와 테느의 이론에 근거하여 작가와 작품의 관련성을 집중적으로 살펴보는 것이다. 전기비평은 크게 전기적 생애, 명성과 영향이라는 두 가지 방향에서 주된 논의가 이루어진다.

① 전기적 생애

전기비평의 가장 중심이 되는 영역은 작가의 전기적 생애에 대한 연구이다. 작가의 전기적 생애에 대한 광범위한 수집과 정리를 토대로 작품은 곧 작가라는 비평적 태도를 갖는 것이다. 전기비평은 작품에 반영된 작가의 의도를 무엇보다도 중요하게 생각하므로 작품 창작에 영향을 미친 작가의 개성이나 사상 그리고 생활상의 특성 등을 전면적으로 조사하고 정리하는 것을 기본적인 방법론으로 삼는다. 즉 작가의 출생에서부터 사망에 이르는 동안의 모든 사실들을 두루 조사함으로써, 이러한 전기적 생애가 작품 속에 어떻게 반영되고 굴절되었는지를 밝혀내는 데 초점을 두고자 하는 것이다. 이렇게 정리된 자료를 분석하고 체계화하여 작가에 관한 전기를 쓰는 것을 목표로 하는데, 레온 에델(Leon Edel)은 이러한 문학적 전기의 유형을 포괄적 연대기, 문학적 초상화, 유기적 전기의 세 가지로 정리하였다.[8]

㉠ 포괄적 연대기(chronicle compendium)

역사학에서 주로 사용하는 고전적인 서술방법으로, 수집 가능한 모든 자료들을 취사선택하지 않고 시간 순서대로 나열하여 그 사이사이에 설명을 덧붙이는 방식이다. 작가의 전기적 생애를 나열한 탓에 비평가의 주관적인 시각은 거의 들어가지 않고 객관적 자료를 단순히 나열하는 데 그친다는 단점이 뚜렷하지만, 문학적 해석의 차원보다는

8) Leon Edel, "Literature and Biography" in *Relations of Literary Study, ed.*, James Thorpe, New York : MLA, 1967 ; 이상섭, 「역사주의 비평의 방법」, 이선영 편, 앞의 책, 40~41쪽.

역사적이고 객관적인 실증성을 확인하고 이해하는 데는 아주 유효한 요약적 기능을 한다는 점에서 긍정적인 의미가 있다.

㉡ 문학적 초상화(literary portrait)

화가가 그린 초상화처럼 시각적으로 작가의 전기적 생애를 간결하게 기술하는 방식이다. 작가의 성격이나 특성에 초점을 두었기 때문에 독자들은 비평가가 제시한 작가의 성격 묘사와 프로필 등에서 작가의 핵심적인 사항을 쉽게 이해할 수 있는 장점이 있다. 하지만 비평가가 선택한 의도된 사실만이 독자에게 일방적으로 전달되므로 작가에 대한 다양한 시각이 결여되어 있다는 단점이 두드러진다.

㉢ 유기적 전기(organic biography)

흔히 비평적 전기, 즉 평전이라고 불리는 방식으로, 비평가가 작가에 대한 자료를 포괄적으로 이해하고 그것을 비평가의 문학적 관점이나 해석적 방향에 의해 비판적 혹은 비평적으로 재구성하는 것을 말한다. 포괄적 연대기나 문학적 초상화는 객관적 자료를 전개하는 방식에서의 개괄적 서술의 성격이 강하게 부각되지만, 유기적 전기는 비평가의 주관성을 토대로 객관적인 자료를 어떻게 해석하고 이해하고 평가하느냐가 가장 중요한 쟁점이 된다. 따라서 유기전 전기는 단순히 역사적 사실을 재구성하는 작업이 아니라는 점에서, 비평가의 사상과 의식에 의해 새롭게 창작되고 의미화되는 예술적 성격을 지닌 형식으로 평가되기도 한다.

② 명성과 영향

명성과 영향에 대한 이해는 한 작가의 작품에 대해 그 시대의 독자들이 어떤 평가를 했느냐의 문제와 다른 작가의 작품과 주고받은 영향 관계에 대한 연구를 의미한다. 작가는 작품을 통해 독자와 소통하고 대화하는 가운데 자신의 가치와 세계관을 창조적으로 생성시키게 되는데, 이 때 독자는 작가가 제시하고자 하는 가치를 발견하고 향유하고 판단하는 중요한 역할을 담당한다. 문학작품이 특정 시대에는 독자들로부터 각광받았으나 새로운 시대에 접어들면서 철저하게 외면당하기도 하고 그 반대의 경우도 있다. 따라서 명성과 영향은 한 작가의 작품이 지닌 생명력을 특정한 시대와 독자에 부합하는 명성의 유무나 독자의 태도 변화를 가져오는 요인을 주목해서 바라본다.

이러한 명성과 영향의 양상은 크게 두 가지로 구체화되는데, 일반 독자들에게 수용되는 변화의 양상과 동료 작가나 선후배 작가와 같은 창조적인 독자에게 나타나는 양상이 그것이다. 지금까지 문학 연구는 작가와 작품의 권위에 압도되어 독자의 영역을 지나치게 소홀히 했다는 점에서, 독자에 의해 비판되고 재구성되고 궁극적으로 새롭게 창조되는 작품의 변화 양상이나 작가의식의 변화를 주목하는 이러한 연구 방법은 전기비평의 새로운 방향을 제시한다고 볼 수 있다. 작품과 작품 간의 관련성에 대한 이해, 작가와 작가 사이의 영향 관계에 대한 의미 부여는, 특정한 시대와 환경에 영향을 받는 문학의 보편적 연속성을 발견하는 동시에 역사와 사회 그리고 세대의 변화에 따라 문학작품의 내용과 형식이 어떤 차이를 드러내는지를 이해하는 중요한 의미를 지니기도 한다. 물론 이러한 영향 관계를 이해하는 데 있어서 주의할 점은 단순한 대비나 근거 없는 동일시를 절대화해서는 안 된다는 것이다. 즉 작품 혹은 작가 간의 비교에 있어서 그 영향 관계를 객관적으로 입증할 만한 뚜렷한 근거에 바탕을 두고 서로의 작품에 끼친 명성과 영향의 실체를 명확하게 규명할 수 있어야 하는 것이다.

4) 역사전기비평의 의의와 한계

역사전기비평은 비평 대상인 작품의 진위(眞僞)를 판별하는 기초적인 작업이고, 작가와 작품의 밀접한 관련 속에서 작가의 개성과 생활상 등이 작품 창작에 끼친 영향을 실증적으로 규명하는 작업이다. 이러한 비평적 시각은 독자들에게 작품이 발표된 당시의 원형과 작가의 의도에 가장 잘 부합하는 원전을 확정해서 제시해준다는 점에서 중요한 의미가 있다. 또한 동시대의 독자들이 작가에 대해 가진 명성과 작가 혹은 작품 간에 서로 영향을 주고받는 관계를 면밀히 살펴봄으로써 한 작가의 작품이 시대를 초월하여 어떠한 보편성을 지니고 있는지, 그리고 역사와 사회의 변화에 따라 어떤 차이를 보이는지를 다각적으로 이해할 수 있다는 점에서 커다란 의미가 있다.

하지만 이러한 비평 방법은 언어 규명의 불완전성과 주관성, 작가의 전기적 사실에 지나치게 얽매여 작품 그 자체에 대한 평가를 소홀히 할 수 있다는 점에서 상당한 한계를 지니고 있기도 하다. 원전비평의 경우에는 문학작품의 원전을 최대한 올바르게 추적하여 바로잡아 명실공히 훌륭한 결정본을 확정한다고 하더라도 그것이 완전무결한 텍스트가 될 수는 없고, 서지학적인 접근에 의존한 나머지 작품 해석을 본령으로 하는 비평의 목적과 수단이 전도되는 불합리한 결과를 용인하게 될 수도 있다. 전기비평의 경우에는 자칫하면 단순한 회고록의 차원에 머무르는 기록적 성격을 넘어서지 못할 우려가 있고, 비평가의 세계관이나 문학관에 따라 특정 작가를 긍정과 부정의 양 극단으로 편향되게 바라봄으로써 왜곡된 결과를 가져올 위험성도 있음을 경계해야 한다.

역사전기비평은 작가와 작품이 불가분의 관계에 있다는 분명한 전제로부터 출발한다. 그리고 이러한 전제가 종족, 환경, 시대와 같은 요인에 의해서 작가와 작품에 어떤 영향을 끼쳤는지를 파악함으로써, 그 작품의 의미를 작가와 작품의 밀접한 관계로부터 설명 가능한 것이 되어야한다고 보는 것이다. 이러한 관점은 작품 그 자체보다는 작품을 둘러싼 여러 외적 요소들에 지나치게 기댐으로써 문학 본연의 성격과 가치에 크게 관심을 기울이지 않는 명백한 한계를 넘어서야 한다. 작가와 작품의 과거적 의미나 명성과 영향에 주목한 나머지 그것의 현재적 의미를 적극적으로 이해하려는 시도를 등한시하거나, 작품 외적 자료 조사나 분석에 치중하여 작품 해석의 미학적 특성을 규명하는 비평 본래의 목적을 도외시하게 되는 결과를 초래할 수도 있기 때문이다. 결국 이러한 외적 요인에 대한 과도한 문제의식은 정작 작품 평가에 있어서 엄밀한 독법을 열어내지 못하고 외적 인상에만 의존하는 주관적 비평의 함정에 빠지기 십상이다. 따라서 앞으로 역사전기비평은 객관적이고 실증적인 연구 방법론에 기본적인 바탕을 두더라도, 궁극적으로 비평은 작품에 대한 올바른 해석과 미학적 자질을 분별해내는 창조적 예술 활동이라는 사실을 직시해야 한다는 문제의식을 좀 더 명확하게 가질 필요가 있다.

3. 사회문화비평

1) 사회문화비평 개관

문학과 예술은 사회와 밀접한 연관 관계를 맺고 있다. 특히 문학은 근본적으로 사회 속에서 살아가고 있는 개인, 즉 작가, 독자, 작품 속 인물들에 대한 표현을 담아내는 것이다. 따라서 문학이 아무리 언어 미학적 특성을 강조한다 할지라도 사회와의 관련성 자체를 배제하고 이해할 수는 없다. 문학은 사회학처럼 사회를 직접적인 대상으로 다루지는 않는다 하더라도 문학적으로 형상화된 사회의 모습을 통해 현실의 문제를 이해하고 분석하고 평가하는 미학적 결과물로서 의미가 있는 것이다. 이처럼 사회 문화 비평은 문학의 사회성, 즉 문학과 사회와의 관련성에 주목함으로써 문학의 현실적 기능과 사회적 역할 그리고 사회의 변화와 발전을 위한 유용성의 문제에 이르기까지 다양한 사회 문화적 요소에 관심을 기울인다. 김현의『문학사회학』(민음사, 1991)에서는 이러한 관점에 대해 다음과 같이 정리하고 있다.

> 문학적으로 사회를 이해한다는 것은 인간이 질서 있게 살아가기 위해 제도화시킨 것을, 쾌락원칙에 의거해서 인간이 갖고 있는 꿈에 비추어 재반성하는 것을 뜻한다. 그런 의미에서 문학가는 떠돌이인데, 왜냐하면 그는 제도 안에 있으면서 그 제도 밖을 꿈꾸기 때문이다. 이 사회에서는 어떠한 꿈이 어떠한 형태로 제도화되어 있는가, 그 제도화는 어떠한 모순을 드러냈는가, 그 모순은 어떻게 극복될 수 있는가를 문학은 꿈 행복에 비추어 드러내는데, 문학의 특수한 점은 그 드러냄이 결핍에 의지해 있다는 점이다. 꿈을 꿈 자체로 드러내는 방식은 문학을 취하지 않는다. 그것은 아마

> 도 예언적 철학자가 할 임무이리라. 문학은 꿈에 비추어 어떤 것이 어떻게 결핍되어 있는가 하는 것을 부정적으로 드러낸다. 문학의 자율성이 획득한 최대의 성과는, 현실의 부정적 드러냄이다. 그 부정적 드러냄을 통해서 사회는 어떤 것이 그 사회에 결핍되어 있으며, 어떤 것이 그 사회의 꿈인가를 역으로 인식한다.

이처럼 사회문화비평은 사회 문화적 요소가 복합적으로 상호작용하여 만들어낸 결과가 바로 문학작품이라고 본다. 따라서 문학작품 그 자체보다는 문학작품이 만들어진 사회 문화적 환경에 더욱 주목하여 작품의 의미를 분석하고 이해하려는 태도를 드러낸다. 하지만 문학작품에 반영된 사회의 모습을 이해하고 분석한다는 것이 단순히 사회의 외적 관찰이나 묘사의 사실성 여부를 확인하는 차원에 머무르는 것은 아니다. 즉 문학작품 안에서 사회를 어떻게 해석하고 평가하고 새로운 전망을 제시하고 있는가 하는 해석의 관점을 무엇보다도 주목해야 하는 것이다. 결국 사회문화비평에서 바라보는 올바른 문학이란 사회의 부정적 모습을 비판적으로 드러냄으로써 현실의 문제점을 근본적으로 성찰하고, 이러한 부정적 현실을 극복하는 구체적 전망을 제시하는 데 초점을 두어야 한다. 일상적 현실을 냉정하게 관찰하고 분석하는 리얼리즘 이론과 사회의 불평등을 야기하는 근본적 토대가 무엇인지를 탐구하는 마르크스주의적 관점을 가장 핵심적인 방법론으로 삼는 이유도 바로 여기에 있다. 사회문화비평은 문학사회학, 마르크스주의비평으로도 불리는데, 문학사회학이 객관적 방법론을 중시하는 학문적 성격이 강하다면, 마르크스주의비평은 이념적 지향을 강조하는 정론성(政論性)을 지닌다는 점에서 다소 차이가 있다. 사회문화비평은 카를 마르크스(K. Marx)와 프리드리히 엥겔스(F. Engels)

의 이론을 시작으로 게오르그 루카치(G. Lukacs), 르네 지라르(R. Girard), 뤼시앙 골드만(Lucien Goldmann), 미하일 바흐틴(Mikhail Bakhtin) 등의 이론으로 구체화되면서 발전해왔다.

2) 마르크스주의비평

마르크스주의비평은 19세기 중후반 마르크스와 엥겔스가 여러 책을 통해 밝힌 견해와 그들 사이에 오고간 편지를 통해 드러난 문학과 예술에 대한 견해들로부터 출발하였다. 문학과 예술을 사회와 현실과의 연관 속에서 바라보려는 입장은 플라톤과 아리스토텔레스의 모방론적 예술관에서도 이미 제기된 것이란 점에서 특별히 새로운 것은 아니다. 그러나 마르크스주의 비평은 이러한 고전주의 미학관과 공유하면서도 몇 가지 점에서 뚜렷한 차이를 보이는데, 마르크스와 엥겔스에 의해 창안된 변증법적 유물론과 역사적 유물론에 근본적 토대를 두고 있다는 점이다. 즉 기존 예술과 미학적 입장이 예술의 실재의 현실 밖에 존재하는 관념의 재생산이라는 관념론적 미학에 입각해 있었던 반면, 마르크스주의 비평은 예술과 현실 사이의 관계를 유물론과 변증법에 기초하여 새로운 방식으로 해결하고자 하는 것이다.

① 유물론(唯物論)

마르크스주의 비평은 근본적으로 유물론에 바탕을 두고 있는데, 변증법적 유물론(辨証法的 唯物論)과 역사적 유물론(歷史的 唯物論)으로 구분할 수 있다. 변증법적 유물론은 헤겔의 변증법을 유물론에 접합시킨 것으로, 세계는 물질의 운동으로 구성되고 있으며 세계의 발전 또한 물질의 운동에 따른 결과에 의해 결정된다고 보는 것이다. 그리고 역사적 유물론은 이러한 변증법적 유물론의 원리를 사회 현상과 역사 연구로 확대시킨 것으로, 인간의 의식이 그들의 존재를 규정하는 것이 아니라 사회적 존재로서의 인간이 그들의 의식을 규정하는 것이라는 관점에서 한 사회의 발전은 이와 같은 유물론의 토대 위에서 구축된다고 보는 것이다.

② 토대와 상부구조

마르크스와 엥겔스는 예술의 미학적 본질과 사회적 역할은 전체로서의 사회적 체계에 대한 분석을 통해서 파악될 수 있다고 보았다. 특히 한 사회 체계 내에서 경제적 요인, 즉 생산관계들과의 복잡한 상호작용을 통한 생산력의 발전이 미학을 결정하는 가장 중요한 요인이 된다고 본 것이다. 한 사회의 기초를 이루는 물적 기반으로서의 경제적 생산관계와 이것에 의해 결정되고 규정되는 정신적인 것, 즉 예술의 발생을 설명하기 위해 그들은 아래 그림과 같이 '토대와 상부구조(Base and Superstructure)'의 이론을 제시했다.

〈2층〉
상부구조(정신적인 것): 문학, 예술, 정치, 종교, 철학, 법률, 교육. + 이러한 기구들을 통해서 생산되는 사회적 의식들의 제 형태

〈1층〉
하부구조(물적 기반): 경제적 토대(생산방식: 생산력 + 생산관계)

마르크스주의비평의 토대인 유물론의 관점에서 볼 때, 문학은 상부구조의 관념 형태이므로 하부구조의 변증법적 관련에서 구체적으로 이해될 수 있는데, 여기에서 말하는 하부구조란 생산방식, 즉 경제적 토대를 가리킨다. 생산방식은 생산력과 생산관계의 결합으로 파악할 수 있는데, 생산력은 원료, 기계, 기술, 노동자와 그들의 손재주와 같은 것을 의미하고, 생산관계는 생산과 관련된 계급관계(예 : ①노예생산양식: 노예/주인 ②봉건제도: 영주/소작(농노) 자본주의생산양식: 부르주아/프롤레타리아)를 의미한다. 이러한 관점에서 마르크스주의비평은 예술을 노동 행위와 관련을 짓고, 노동의 과정을 통한 물질적 생산력의 증대 과정에서 예술의 창조성이 실현될 수 있다고 보았다. 즉 예술과 노동은 동일한 의미를 가지는 '창조적인 활동'[9]으로 평가한 것이다.

③ 리얼리즘론

마르크스주의 비평에 따르면, 모든 시대는 그 시대의 사회 구조에 따라 일반적 주제를 가지는데, 여기에서 일반적 주제는 각 계급간의 투쟁 양상으로 드러난다. 즉 문학은 사회주의 건설을 위한 계급투쟁의 반영으로 볼 수 있는데, 생산수단을 갖고 있는 사람인 무산계급의 투쟁이 사상, 행동, 감정, 생활을 얼마나 잘 형상화했으며, 그것이 무산계급의 승리를 예견하거나 보장하는 것으로 형상화되었느냐의 여부에 따라 가치를 판단한다. 이처럼 문학이 일정한 계급 이데올로기를 반영해야 하고, 계급투쟁에서 피지배계급의 관점에서 사회적 모순

9) 자네트 월프, 이성훈 이현석 역, 『예술의 사회적 생산』, 한마당, 1986, 30쪽.

을 극복하고 해결해 나가는 혁명성을 지녀야 한다고 보는 것이다. 이는 곧 예술 창조는 현실을 반영함과 동시에 현실을 자각하고 이해하는 방법이 되어야 한다는 리얼리즘론으로 정립된다.

리얼리즘이란 문학이 현실을 반영함에 있어서 막연하고 피상적인 사회의 모습을 단순히 복제하거나 모방하는 데 그치지 않고, 그 사회의 내부적 모순과 이를 극복해 나가는 구체적 전망을 어떻게 제시하는지를 보여주는 것이 되어야 한다.

> 내가 생각하기에 사회주의 경향 소설은, 그것이 현실상황의 충실한 묘사를 통해 현실사회를 지배하고 있는 관습적 환상을 타파하고, 부르주아 세력의 낙관주의를 뒤흔들어 놓으며, 기존의 것이 영원히 정당성을 가진다는 데 대해 회의를 필연적으로 느끼도록 하는 것, 그렇지만 그렇다고 스스로 직접 해결책을 제공하는 것은 아니며, 경우에 따라서는 심지어 노골적으로 당파를 취하지도 않을 때 자기의 사명을 완수하는 것입니다.[10]

> 저는 어떤 것을 비판해야 할 때 이야기가 혹시 충분하게 리얼리즘적이지 못한 것은 아닌가 하곤 합니다. 제 생각으로는 리얼리즘은 세부의 충실성 이외에도 전형적 성격들의 충실한 재현을 의미합니다. 작가의 견해가 감추어져 있을수록 예술작품은 더욱 훌륭해집니다. 제가 말하는 리얼리즘이란 심지어는 작가의 견해에도 불구하고 드러날 수 있는 것이라야 합니다.[11]

첫 번째 인용문에서 밝혔듯이, 엥겔스는 예술가가 자신의 이데올로기적 입장에도 불구하고 리얼리즘적 태도에 충실할 때 그 이데올로

10) F. 엥겔스, 「민나 카우츠키에게 보내는 편지」, L. 박산달, S. 모라브스크 편, 김대웅 역, 『마르크스 엥겔스 문학예술론』, 한울, 1988, 146쪽.

11) F. 엥겔스, 「마가렛 하크니스에게 보내는 편지」, L. 박산달, S. 모라브스크 편, 김대웅 역, 앞의 책, 146쪽.

기마저 극복될 수 있다고 보았다. 그는 독일의 경향소설을 비판하면서, 문학은 작가의 이데올로기를 전달하는 확성기가 되어서는 안 되고, 오히려 작가의 견해는 숨겨지면 숨겨질수록 작품을 위해 더 낫다는 입장을 드러냈다. 리얼리즘은 단순한 이데올로기적 등가물이 아니라 특정한 예술적 인식의 등가물이라고 평가하면서, 특정한 삶의 지배적, 전형적 특징들을 리얼리즘적 태도로 표현할 경우 자신의 의도와는 다른 전혀 새로운 세계로 진입할 수 있다고 본 것이다. 여기에서 자연스럽게 두 번째 인용문에서 강조하는 '전형성'의 문제와 만나게 된다. 엥겔스는 소설가 하크니스의 소설을 평가하면서, 전형적 인물은 갖추고 있지만 전형적 환경은 제대로 그려내지 못한 점을 비판했다. 엥겔스에 의하면, 리얼리즘은 현실을 충실하게 재현해야 하는데, 세부적 진실, 전형적 상황, 전형적 인물이라는 세 가지 조건이 모두 충족되어야 한다. 그런데 하크니스의 소설은 이 가운데 1890년대 영구 사회와 노동자 계급이 처한 가장 중요하고 본질적인 특징을 담은 전형적 상황을 잘 포착해내지 못했다는 것이다. 이처럼 전형적 상황과 전형적 인물은 리얼리즘론의 핵심적인 사항으로, '전형성'이란 예술가가 어떤 구체적인 인간들의 운명 속에 그들이 속해 있는 특정한 시대와 국가와 계급을 가장 잘 표출하는 어떤 역사적 상황의 중요한 특징들을 구현시키는 것을 의미한다.

3) 루카치의 총체성 이론

마르크스주의 비평의 형성 과정에서 가장 큰 영향을 미친 사람으로 헝가리 태생의 철학자이며 비평가인 루카치가 있다. 그는 예술작품을 현실의 미학적 반영으로 보는 반영이론을 주장했는데, 대표적 저서 『소설의 이론』을 통해 이러한 그의 이론은 '총체성(totality)'으로 집약되었다. 총체성은 한마디로 말해서 자아와 세계, 내면세계와 외면세계가 유기적 관계를 이룬 상태를 의미한다. 루카치는 현대 사회를 산문적인 세계 상황으로 규정하고 호머의 서사시에 나타난 시적 세계 상황과 대비시키고 있다. 즉 시적 세계의 특징은 자연과 정신, 도덕과 법률, 개인과 공동체가 분리되지 않은, 다시 말해 내면세계와 외면세계가 아직 분열되지 않은 형이상학적 원의 세계라는 것이다. 따라서 인간의 의식은 자체 반성의 필요 없이 수동적으로 외부세계에 순응하면 되는 것이며, 개인은 세계와 자신 속에 이미 주어져 있는 생의 의미를 새삼스럽게 찾아다닐 필요가 없는데, 이러한 세계가 바로 총체성이 지배하는 세계라고 보았다. 하지만 현대 세계는 온갖 모순과 갈등으로 금이 가고 분열되어 총체성을 상실하고 말았다. 호머의 서사시 이후의 현대 사회는 총체성이 상실된 세계이므로, 이러한 총체성 상실의 세계를 가장 잘 반영하는 것이 바로 소설 장르라는 것이다. 루카치의 관점에서 볼 때 소설 장르는 본질적으로 총체성의 세계에 대한 향수와 동경을 지니고 있는데, 서사시가 삶의 총체성을 형상화하는 장르인 반면 소설은 잃어버린 총체성을 찾아내어 이를 재구성하려는 데 장르의식이 있다는 것이다. 이처럼 루카치의 『소설의 이론』은 헤겔 미학의 역사철학적 관점, 즉 문학과 사상의 여러 형식들이 역사적 변화에 따라 필연적으로 나타남을 문학의 장르 변화를 설명하는데 적용했다. 삶과 본질의 관계는 시대에 따라 변화하며 그 달라진 관계가 새로운 형식, 즉 장르를 만든다고 본 것이다. 아래 도표는 이러한 관계를 요약적으로 보여준다.

장르	서사시	비극	철학	소설
삶과 본질의 관계	삶과 본질의 통일 (총체성의 시대)	삶에서 본질이 분리되기 시작함	삶과 본질의 완전한 분리	총체성을 잃어버린 시대에 상실한 총체성을 형식을 통해 만들어낸 것.

루카치는 '근대(modern)'와 소설의 형성이 지닌 관계에 대해서 무엇보다도 주목했는데, 근대라는 사회적 상황이 소설을 형성하는 중요한 요인이 되었다는 것이다. 다시 말해 진정한 의미에서 소설의 형식은 신이 완전히 사라지고 인간이 형이상학적 방향을 잃어버린 시대상황에서 발생하는 것으로, 시민사회의 형성이라는 근대적 특징이 소설의 형성과 아주 밀접한 관련을 맺고 있다고 주장하는 것이다. 이러한 과정을 도표로 정리하면 아래와 같다.

서사시	주인공(영웅)이 추구하는 가치와 공동체가 추구하는 가치가 일치 영웅과 민중의 일치(신=자연=인간) → 총체성의 시대
소설	주인공이 추구하는 가치와 사회가 추구하는 가치가 불일치 주인공=문제적 개인 → 총체성의 상실(신 자연 인간) ⇒ 잃어버린 총체성(유토피아, 공동체의식)을 지향하는 과도기의 문학 장르

4) 르네 지라르의 욕망의 간접화

르네 지라르는 『낭만적 허구와 소설적 진실』에서 소설 주인공의 욕망의 체계를 통해 현대 사회의 특성과 인간의 욕망이 지닌 관계에 대해 분석하였다. 그는 세르반테스의 『돈키호테』를 텍스트로 삼아 주인공과 욕망의 대상 사이의 의식과 지향성을 설명했는데, 주인공의 욕망은 자발적으로 욕망의 대상에 직접적으로 다가가는 진정한 욕망이 아니라 욕망의 대상과 유사한 모델을 설정하고 그 모델을 선망함으로써 궁극적인 욕망의 대상에 다가가는 간접화된 욕망의 형식을 드러낸다고 했다. 다시 말해 욕망하는 주체가 욕망하는 대상을 향해 갖는 욕망은 직접적이고 일직선적으로 일어나는 것이 아니라, 선망하는 모델을 '중개자'로 설정하여 그 중개자를 욕망하는, 즉 욕망하는 주체 – 중개자 – 욕망의 대상으로 이어지는 삼각형적 구조를 이룬다는 것이다. 이를 일컬어 '욕망의 삼각형'이라고 한다. 소설 속에서 돈키호테가 기사도 소설 속의 영웅 아마디스를 모방함으로써 영웅적 기사가 되기를 욕망하는 것은 이러한 삼각형적 욕망의 전형적인 형태를 드러내고 있다.

이처럼 주체의 욕망은 욕망의 대상을 직접적으로 욕망하지 않고 매개자를 통해서 간접적으로 실현되는데 이를 '간접화'라고 한다. 즉 인간은 무엇을 욕망하지만, 그것을 혼자서는 이룰 수 없으므로 반드시 욕망의 대상을 지시하는 매개가 필요하다는 것이다. 이때 간접화는 주체와 중개자 사이의 심리적 거리에 따라 외적 간접화와 내적 간접화로 구분된다. 외적 간접화는 주체와 모방하고자 하는 매개자 사이가 존경이나 조화의 관계에 놓일 때, 욕망의 주체는 매개자를 공공연히 드러내므로 간접화의 양상이 외적으로 실현되는 것을 의미하고, 내적 간접화는 욕망의 주체와 매개자 사이가 경쟁관계에 있는 것으로 진짜 욕망이 아닌 허위적 욕망일 때가 많으므로 그 양상은 내적으로 숨겨져 있다. 특히 현대소설은 주체와 중개자 사이의 거리가 가까운 경우가 많아서 대체로 주인공은 욕망을 드러내지 않고 감추려 드는 경우가 일반적이다. 그리고 이러한 감춤의 구조는 주인공과 중개자 사이의 경쟁과 갈등을 첨예하게 드러낸다는 점에서, 욕망의 삼각형은 현대 사회의 모습과 문학의 변화를 설명하는 아주 유효한 방법론이 될 수 있다.

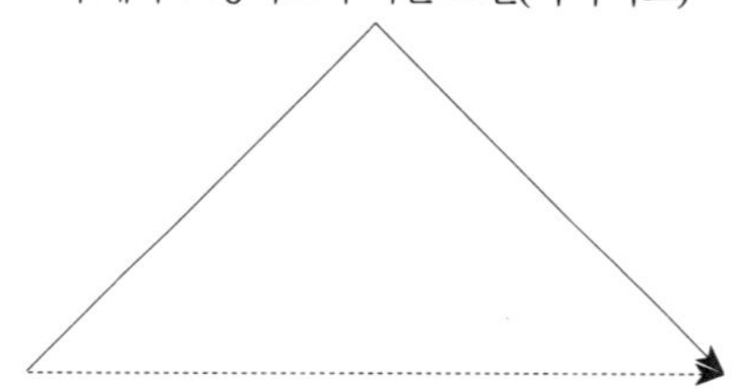

5) 골드만의 상동론(相同論, homology)

골드만의 문학사회학은 모든 인간의 행동은 특수한 상황에 의미 있는 해답을 제시하고자 하는 시도이고, 이러한 행동은 그 주체와 대상, 즉 외부 세계와의 균형을 이루고자 하는 데 목적이 있다는 '발생론적 구조주의'에 근거하고 있다. 다시 말해 발생론적 구조주의는 문학작품의 구조가 사회 집단의 의식 구조와 상당히 유사하다는 문제의식에서 출발하는 것이다. 이를 위해서 마르크스주의비평은 자연스럽게 구조주의와 접목을 시도하는데, 골드만은 문학작품이 개인의 천재성이 만들어낸 창조물이 아니라 특정 집단(계급)의 정신구조에 기반하는 결과물, 즉 세계관의 반영이라고 보았다.

이러한 골드만의 관점은 마르크스주의에서 출발하여 루카치의 영향으로부터 더욱 구체화되었다. 그는 특정한 개인이 아닌 특정 집단

혹은 계급의 의식을 구조적으로 파악하는 것을 가장 중요하게 여겼다. 그는 사회구조의 변혁을 위해 움직이는 데서 비로소 계급의식이 형성되는데, 이 때 계급은 이데올로기의 측면에서 인간의 현재와 미래를 위한 뚜렷한 전망(vision)을 제시할 수 있어야 한다고 주장했다. 그 결과 한 사회 그룹이 다른 그룹과 구별되거나 대립하는 열망과 감정 또는 사고의 체계를 형성하는데 그것들의 총체를 '세계관'이라고 명명했다. 따라서 모든 위대한 예술과 문학작품은 바로 이러한 세계관의 표현이라고 보는 것이다.

골드만은 『소설사회학을 위하여』에서 소설의 구조가 그것을 발생시킨 사회의 구조와 밀접하게 연관된다는 발생론적 구조 탐색을 시도했는데, 그 결과 소설 구조와 사회 구조는 상동 관계가 있음을 주장했다. 이러한 그의 주장은 르네 지라르의 간접화 이론에 상당히 많은 영향을 받았다.

> 소설은 타락한 사회에서 타락한 양식으로 진정한 가치를 추구하는 이야기로 특징지어지며, 주인공에 있어서의 타락은 간접화(mediation)에 의해서, 즉 진정한 가치가 내재적인 수준으로 되어 명백한 현실로서는 소멸됨으로 해서 나타나는 것이다.[12]

골드만은 소설의 발생론적인 근원인 사회 구조를 '시장'과 '교환가치'라는 개념으로 설명했는데, 소설의 구조와 시장으로서의 사회 구조가 이루는 대응 관계를 무엇보다도 주목한 것이다. 즉 사람들은 시장에서 질적 측면에서의 사용가치를 추구하다가 점차 그 가치를 수

---

12) Lucien Goldman, *Towards a Sociology of the Novel*, Trans. Alan sheridan, Tavstock Publications, 1975, p.6.

량화해서 교환가치에 의존하게 되는데, 이 때 사물의 본질적 세계는 상실되고 오로지 물질적 교환의 대상으로만 평가되는 타락한 양상이 발생한다는 것이다. 다시 말해 모든 사물의 가치가 사용가치라는 본질적 의미를 직접적으로 얻지 못하고 교환가치라는 매개적 관계에 의해서만 평가되는 사물화에 따른 소외현상이 발생하게 되는 것이다. 이러한 시장 구조의 타락은 소설 구조의 타락에 그대로 대응되는데, 주인공이 진정한 가치를 추구함에도 불구하고 사회가 이미 타락해 있다는 점에서 주인공과 사회 사이에는 일정한 간격이 있을 수밖에 없고, 결국 주인공은 진정한 가치를 추구함에 있어서 타락한 사회가 제공하는 타락한 양식을 이용하게 된다는 것이다. 소설의 주인공이 '문제적 개인'으로 명명되는 이유도 바로 여기에 있다. 즉 주인공은 타락한 사회와 상반되는 진정한 가치를 추구함에 있어서 사회를 직접적으로 공격하지 않고 그 사회에서 허용하는 간접적 양식으로 추구하게 되는 것이다. 이처럼 소설의 구조와 자본주의 사회 구조 사이에는 상동성이 있어서, 사회 구조에 대한 올바른 이해와 비판적 접근은 소설의 주제와 구조를 파악하는 중요한 척도가 된다고 할 수 있다.

6) 바흐틴의 다성성과 카니발

바흐틴의 문학사회학은 언어의 미학적 특성과 기교를 강조하는 데 치우쳐 문학과 삶을 분리시켜 버린 형식주의의 문제점과, 문학과 이데올로기의 관계를 지나치게 강조하여 문학의 자율성과 독립성을 훼손시킨 마르크스주의의 문제점을 상호 보완하여 두 견해가 지닌 장점을 통합적으로 제시했다는 데 의의가 있다. 즉 그는 문학의 질료인 언어가 지닌 미학적 특성을 중요하게 여기면서도 문학적 언어를 기교의 차원에서만 바라보지 않고 '언어의 대화적 특성'에 특별히 관심을 가졌다. 이를 위해서는 우선적으로 '타자'의 개념을 이해할 필요가 있다. 문학작품을 주체의 의식과 의도에 의해 그 주제와 의미가 변경 불가능한 상태로 이미 결정되었다고 보는 시각을 벗어나, 주체가 아닌 타자와의 관계 안에서 의미는 새롭게 구성되고 탄생한다는, 그래서 문학작품의 의미는 선험적으로 종결된 구조가 아니라 다양한 타자와의 대화적 구조 안에서 끊임없이 다른 의미를 생성할 수 있다는 것이다.

바흐틴은 도스토예프스키의 소설을 분석하면서 문학의 다성성(多聲性) 개념을 정립한다.

> 독립적이며 융합하지 않는 다수의 목소리들과 의식들, 그리고 각기 완전한 가치를 띤 목소리들의 진정한 다성악(polyphony)은 실제로 도스토예프스키 소설의 핵심적인 특성이 되고 있다. 그의 작품에서 전개되고 있는 것은 한 작가의 의식에 비친 단일한 객관적 세계에서의 여러 성격들과 운명들이 아니라, 동등한 권리와 각자 자신의 세계를 가진 다수의 의식들이 각자 비융합성을 간직한 채로 어떤 사건의 통일체 속으로 결합하고 있는 과정이다. 주요한 주인공들은 실제로 예술가의 창조적 구상 속에서 작가가 하는 말의 객체가 될뿐더러 독자적이고 직접적으로 의미하는 말의 주체가 되기도 한다.[13]

음악적 메타포를 활용한 다성성 개념은 동일한 말을 서로 다르게 표현하는 다양한 목소리들이 동시에 들리는 것으로, 동일한 말이 서로 다른 음의 고저와 리듬을 보여줌으로써 상이한 가치를 드러낸다

13) M. 바흐틴, 김근식 역, 『도스토예프스키 시학』, 정음사, 1988, 18쪽.

는 것을 의미한다. 이는 작품 속 인물들이 작가에 의해 그 의미가 결정된 상태로부터 일정하게 해방되는 것으로, 작중인물은 작가에 의해 미리 계획되거나 의도되지 않은 새로운 것을 말하고 행동함으로써 다성성을 드러낸다는 것이다. 다시 말해 하나의 담론 안에는 동시적으로 존재하는 복수적이고 복합적인 주체가 있어서, 이러한 주체들 간의 대립과 분할은 결국 한 작품 안에서 수많은 타인과의 만남을 통해서 그 의미를 결정하게 한다는 것이다.

이러한 다성성의 개념에 내재된 복수의 주체 혹은 타자의 인식은 '카니발(carnival)' 이론으로 이어진다. 카니발의 세계관은 크게 세 가지 특징으로 정리할 수 있는데, 자유와 평등이 지배하는 세계를 지향하고, 집단적이고 민중적이며, 변화의 다양성을 추구한다는 것이다.[14] 바흐틴에 의하면, 문화는 그 수용 주체에 따라 지배계급과 귀족계급에 의한 공식문화와 피지배계급과 민중에 의해 확산되는 비공식문화로 구분되는데, 이러한 피지배계급으로서의 민중은 비공식문화를 통해 지배계급의 권위와 전통을 파괴하고 전복시킴으로써 지배와 피지배의 경계와 대립을 허물어뜨리는 통합의 장을 마련한다. 이 때 피지배계급은 공식문화에 맞서는 전략으로 웃음과 패러디를 즐겨 사용하는데, 웃음의 미학은 관습적이고 타성적인 규범으로부터의 일탈을 보여줌으로써 공식문화로부터 자유와 해방을 얻게 되는 것이다. 이와 같은 문학의 카니발화는 지배계급에 의해 획일화되고 단일화된 목소리를 극복하는 것이란 점에서 다성성의 개념과도 일맥상통한다. 즉 단일한 규범으로부터의 해방이란 점에서 원심력을 지니고 있

14) 김욱동, 『대화적 상상력』, 문학과지성사, 1988, 240~241쪽.

으면서 동시에 구심적 세계의 동질성과 균형을 이루고 있다. 이처럼 카니발은 사회와 현실의 민주적 소통의 장을 마련하는 문화다원주의(multiculturalism)'의 성격을 지니고 있다.

7) 사회문화비평의 의의와 한계

문학사회학과 마르크스주의비평으로 불리는 사회문화비평은 문학의 사회성과 내용성에 근거하여 문학을 평가하는 것으로, 문학 내적 요인보다는 문학 외적 요인을 통해 문학의 현실적 유효성과 기능을 무엇보다도 중시한다. 역사전기비평으로부터 이어진 이 연구방법론은 문학작품의 내용과 사회와 집단의 의식 간의 관계를 분석하고 이해하는 데 초점을 둔 것이다. 따라서 이러한 외적 요인에 대한 강조는 결과적으로 문학 내적인 속성, 즉 미학적 특성들을 무시하거나 외면하는 방향으로 흐를 위험성이 커서 문학 자체의 자율성이나 독립성을 심각하게 훼손시키는 결과를 초래할 수도 있다.

문학이 정치의 도구가 되거나 이데올로기를 선전하는 수단이 되는 것은 반드시 경계되어야 할 문제이다. 하지만 문학은 그 자체로 과학적인 현실 탐구의 방법인 동시에 역사나 현실을 올바르게 바라보고 바람직한 미래에 대한 전망을 제시하는 '정치성' 혹은 '사회성'도 아울러 지녀야 한다. 즉 문학의 정치적 수단화를 경계해야 하는 것이지 문학 그 자체가 지닌 정치성을 외면하고 오로지 미학적 자질만을 강조하는 것이 문학의 순수성을 지키는 것이 된다는 왜곡된 인식을 가져서는 안 된다. 이런 점에서 문학작품의 구조와 사회 구조 사이의 상동성을 해명함으로써 문학작품과 시대상황, 사회 현실과의 밀접한 관련성을 밝혀내는 데 주목한 문학사회학의 방향은 상당히 중요한 문제의식을 지녔다고 평가할 수 있다. 다만 이러한 문제의식이 문학 내적인 요인을 통해서 미학적으로 평가되는 과정을 동시에 수행한다면, 즉 문학의 형식과 내용은 서로 별개의 문제가 아니라는 점에서 상호복합적인 변증법적 과정으로 의미화될 수 있다면 더욱 문제적인 비평방법론이 될 수 있을 것이다.

4. 형식주의비평

1) 형식주의비평 개관

형식주의는 작품 외부를 중시한 연구는 문학의 본질을 규명할 수 없다고 보고 문학작품 그 자체의 심미성을 규명하는 데 초점을 둔 내재적 비평 방법이다. 즉 작품 해석과 평가의 근거는 작품 안에 있으므로, 작가와 독자 그리고 시대나 대상과 같은 외재적 요인들을 작품 평가의 기준으로 삼아서는 안 된다는 것이다. 따라서 형식주의는 작품 그 자체에 대한 엄밀한 독해와 문학작품을 구성하는 기본 토대인 언어에 대한 미학적 탐구에 주력한다.

형식주의비평의 역사적 전개 과정은 1920년대 전후의 러시아 형식주의로부터 1930년대 체코 구조주의, 1950년대 전후 영미 중심의 신비평과 프랑스 구조주의, 그리고 1960년대 구소련에서 전개된 기호학과 1970년대 이후 탈구조주의와 해체주의에 이르기까지 광범위하게 확산되어 나갔다. 이들은 대체로 문학의 내재적 요인을 연구방법론의 핵심으로 삼아 이전 비평을 비판적으로 발전시켜 가면서 형식주의 비평의 역사적 전개를 이어나갔다고 할 수 있다. 이 가운데 러시아 형식주의와 신비평은 형식주의 비평의 대표적인 두 양상으로 이후 문학 내재적 연구로서의 비평의 변화와 발전을 이끌어내는 기본적 토대가 되었다.

형식주의는 문학을 사회와 정치로부터 독립적인 위치로 끌어올리려는 반역사주의적 태도를 지닌다. 그러므로 문학에 대한 미적 평가에 초점을 두고 문학의 재료인 언어가 지닌 특성을 해명하고자 한다. 문학은 언어로 이루어진 구조물이라는 점을 가장 중요시하여 언어학 이론에 기대어 문학 언어의 독특한 질서를 해명하는 데 초점을 두는 것이다. 즉 전체로서의 작품의 의미보다는 문학성을 드러내는 언어적 요소들의 특성에 관심을 가진다. 형식주의가 기법 연구가 될 수밖에 없는 이유도 바로 이러한 관점을 특별히 강조하기 때문이다. 다시 말해 일상 언어와 문학 언어의 차이를 주목함으로써 일상 언어와 다른 문학 언어가 지닌 미학적 특성, 즉 '문학성'을 찾아내고 이를 작품 분석의 주요 방법론으로 삼는 것이다. 결국 이러한 문학성의 요건은 소위 기법으로 구현된다는 점에서 형식주의는 기법주의라는 한계를 처음부터 지니고 있었다. 형식주의가 지닌 기법적 한계를 넘어서기 위해 부분적인 기법에 대한 고찰에서 벗어나 전체(구조)를 연구하려는 비판적 방법론이 제기되었는데, 이것이 바로 구조주의이다.

형식주의비평의 관점에서 보면, 역사전기비평은 외부결정론을 뜻하는 '그 나무에 그 열매'를 말하지만, 사실 그 나무에 무슨 열매가 열릴지는 그 나무 자체의 고찰만으로는 알 수 없다. 작가(나무)가 의도한 것이 결과적으로 그대로 실현(열매)되지 않는 것이 일반적이기 때문이다. 즉 작가의 의도는 작품의 외부에 존재하며 작가는 그것을 내적으로 형상화하려 시도하지만, 창작의 복합적이고 미묘한 과정은 매번 그의 의도와 어긋나는 결과를 낳기 일쑤이다. 이를 일컬어 형식주의 비평가들은 '의도의 오류(intentional fallacy)'라고 했다. 이러한 형식주의 비평의 주장은 문학 창작의 과정을 생각할 때 상당히 설득력 있는 논리이지만, 문학 내부의 미학적 특성을 강조한 나머지 외부를 철저하게 배제하는 '객관적 오류'를 범하고 있음을 간과해서는 안 된다. 대부분의 문학 작품에서 역사나 시대를 고려하지 않고 그 자체의 언어 미학만으로 작품의 의미나 해석을 하는 것은 불가능한 측면이 있기 때문이다. 따라서 형식주의는 내용과 무관한 형식이라는 이분법적 논리를 벗어나 내용과 형식의 유기적 결합이라는 새로운 형식 개념으로 나아갈 필요가 있다. 이를 간단히 도표로 나타내면 아래와 같다.[15]

	유효성	극단적인 경우
역사전기적 방법	보조적·예비적 연구	외부 절대화
형식주의적 방법	작품의 내적 질서	내부 절대화
변증법적 방법	외부와 내부의 상호침투	

2) 러시아 형식주의

1915년 모스크바 대학의 젊은 학생들은 '모스크바 언어학회'를 창립하고 R. 야콥슨이 회장을 맡았다. 그리고 페테로그라드(레닌그라드)의 젊은 학생들은 V. 쉬클로프스키 등을 중심으로 '시어연구회'를 결성했다. 이들은 언어학의 영역을 시학의 영역으로 확장하여 당시 러시아 문학비평을 지배하던 심리비평, 철학비평, 사회학적 비평을 거부하고 문학의 형식, 즉 문학적 언어를 객관적으로 연구하는 방법론 탐구에 집중했다. 언어를 의미 전달의 수단으로만 파악하지 않고, 언어 그 자체의 가치를 분석하는 데 초점을 둔 것이다. 그 결과 문학작품 내의 언어가 지닌 미학적 특성, 즉 소리, 이미지, 리듬, 율격 등과 같은 형식적 요소들이 기법화 되는 과정을 일상적 언어와 다른 문학적 언

15) 나병철,『문학의 이해』, 문예출판사, 2004, 48쪽.

어의 특징으로 이해하였다.

> 문학과학의 대상은 문학이 아니라 문학성(literariness), 다시 말해서 주어진 작품을 하나의 문학작품으로 만들고 있는 그것이다. 이에 반해 지금까지 존재해 온 문학사가들은, 비유하자면 어떤 사람을 체포하고자 할 때 그의 방안에서 발견된 모든 것을 닥치는 대로 몰수하고 또 그 옆길을 지나가는 사람까지도 닥치는 대로 체포하는 경찰과 비슷하다고 할 수 있을 것이다. 이처럼 문학사가들은 모든 것을, 말하자면 개인의 생활, 심리, 정치, 철학을 사용하였다. 그리하여 문학과학 대신에 투박한 여러 분야들을 뒤섞어 콘크리트를 구성해 놓았다. 마치 이 대상들 하나하나가 제각기 하나의 학문, 즉 철학의 역사, 문화사, 심리학 등에 속한다는 것을 잊어버렸으며, 이 분야들이 자연히 불충분한 자료로서 부차적인 문학현상들을 이용할 수 있다는 것을 잊어버리기나 한 것 같았다.[16]

형식주의비평은 문학적 사실들의 의미를 문학적 차원에서 찾으려 하지 않고 문학의 외부에 존재하는 다른 영역, 즉 정치, 경제, 사회적인 사실들에서 찾으려 하는 마르크스주의비평을 비판했다. 문학은 그 나름의 자율적인 속성을 지닌 독립적인 체계를 이룬다는 점에서, 이러한 문학성을 밝혀내는 과학적인 문학 연구가 문학비평이 해야 할 기능과 역할이라는 것이다. 결국 각각의 형식주의 비평가들은 이러한 문학성이 드러나는 언어의 미학적 특성을 기법적으로 이해하는 데 주력했다.

---

16) 보리스 아이헨바움,「형식적 방법의 이론」, 츠베탕 토도로프 편,『러시아 형식주의』, 김치수 역, 이화여대출판부, 1981, 33쪽.

① 쉬클로프스키 : 낯설게 하기(defamiliarization)

모방론에 따르면 문학은 현실의 모방이고 반영이다. 이 때 모방은 현실의 모습을 유사하게 묘사하는 사실성의 여부가 미적 판단의 중요한 기준이 된다. 하지만 형식주의비평은 이러한 모방론의 견해를 부정적으로 보고 오히려 익숙한 현실의 모습을 전혀 익숙하지 않은 이질적인 세계로 표현하는, 그래서 일상에서 볼 수 있는 세계와는 무관한 낯선 세계로 형상화하는 데 문학성이 있다고 주장했다. 즉 익숙해져 있는 사물을 의도적으로 낯설게 만들면 그 사물의 숨어 있던 본질이 오히려 잘 드러난다는 것인데, 쉬클로프스키는 이러한 것을 '낯설게 하기'라고 명명했다.

> 우리의 지각의 일반 법칙들을 살펴보면 인간의 행동들이란 일단 습관화되면 자동화되어 버리는 경향이 있음을 알게 된다. 이처럼 우리의 모든 습관은 무의식적이며 자동화된 영역 속에 빠져 버린다. (중략) 이러한 대상의 자동화 과정 속에서 우리는 지각적 힘의 최대한의 경지를 획득하게 된다. 즉 대상들은 그 대상들의 특징 가운데 하나, 예를 들면 숫자로 주어지거나 아니면 그 대상들이 의식에 나타나지 않은 채 마치 어떤 공식을 따른 것처럼 재생되든지 한다.[17]

인용문에서처럼, 인간의 모든 지각 내용은 일단 그것이 인간의 의식 속에 자리 잡고 나면 시간의 경과와 더불어 무의식적으로 자동화된 상태로 존재하게 된다. 결국 우리가 사용하는 수많은 언어 대부분

---

17) 빅토르 쉬클로프스키, 「기법으로서의 예술」, 츠베탕 토도로프 편, 위의 책, 85~86쪽.

이 이미 지각화되고 자동화되어 있는 상태이므로 기계적이고 공식적인 언어 이상의 의미를 획득하지 못한다는 점에서 문학적 언어가 되기 어렵다는 것이다. 따라서 이러한 자동화된 언어 세계를 뛰어 넘어 기존 언어로부터의 일탈(deviation)을 통해 새로운 비유적 언어를 생산하는 것이 문학적인 언어 사용의 필수적 요건이라고 보았다. 예를 들어 '낙엽은 폴란드 망명정부의 지폐'라는 시구에서 '낙엽'을 '갈색의 마른 잎' 정도로 표현했다면 그것은 이미 낙엽에 대한 자동화된 지각을 벗어나지 못한 것이 되고 만다. 하지만 낙엽을 폴란드 망명 정부의 지폐라고 전혀 낯선 대상과의 결합을 통해 표현함으로써 낙엽이 지닌 새로운 정서적, 심미적 의미들을 창조해내는 것이다. 이처럼 문학의 언어, 특히 시의 언어는 '비스듬하고(oblique), 어렵고(difficult), 끝이 뾰족하고(attenuated), 비틀린(torturous)' 것이 되는 데서 일상 언어와 구분되는 시적 언어로서의 특성을 구현해낼 수 있다.

② 티냐노프와 무카로프스키 : 전경화(前景化, foregrounding)

'낯설게 하기'라는 개념은 티냐노프와 무카로프스키에 의해 '전경화'로 설명된다. 전경화는 어떤 대상을 뚜렷하게 보이는 위치로 내어 놓음으로써 우리의 지각 속에서 그 대상이 분명하게 인식되도록 하는 것을 의미한다. 반대로 지식적 기능이나 논리적 기능에 머무르는 언어 사용은 배경화(backgrounding)되어 지각의 자동화로 관심 밖으로 밀려나게 된다.

티냐노프에 의하면, 문학작품의 여러 요소들 가운데 어떤 것은 지배소로 전경화되고, 어떤 것은 격하되어 그 지배소에 종속되는 계층 구조를 갖게 되는데, 이러한 여러 요소들의 상호 갈등 관계에 의한 역동적 구성을 문학적 발전의 양상이라고 보았다. 무카로프스키는 이러한 티냐노프의 견해를 이어받아 전경화의 개념을 표준 언어와 시적 언어의 관계를 통해 설명하는데, 시적 언어는 문법적 형식이나 어휘, 어법 등에 있어서 독자적인 특징을 가지면서 표준 언어의 규범이나 형식을 위반하거나 파괴하지만 두 언어는 상호 밀접한 연관 속에 있다고 했다. 즉 문학작품 속에서 표준 언어는 이탈이나 파괴된 부분의 배경이 되고, 시적 언어는 전경화 되어 문학의 예술적 기능이 실현된다고 본 것이다. 다만 시적 언어라 할지라도 오랫동안 사용하여 관습화되어 버리면 오히려 그 관습을 파괴하는 일상적 언어가 전경화될 수도 있다. 즉 일상 언어가 거꾸로 시적 언어의 역할을 다시 수행하게 되는 것이다. 이처럼 무카로프스키는 언어의 시적 기능은 고정되어 있는 것이 아니고, 그 언어 사용과 관습화의 정도에 따라 끊임없이 움직이고 변화하는 속성을 가지고 있다고 주장했다.

③ 토마셰프스키 : 파뷸라(fabula), 슈제(syuzhet), 모티프(motif)

러시아 형식주의의 서사 장르 분석은 파뷸라와 슈제의 구별에 기초하는데, 정확히 대응되는 것은 아니지만 대체로 스토리(이야기)와 플롯(구성)의 차이와 유사한 측면이 있다. 토마셰프스키에 의하면, 파뷸라는 작품 속에 배열된 서사와는 전혀 다른 연대기적이면서 연속적인 시간, 즉 과거 - 현재 - 미래의 순서와 방식이고, 슈제는 작품 속에 실제로 구현된 순서에 따른 사건을 의미한다. 앞서 논의된 것에 빗대어 설명하자면, 일상적 시간과 순서로서의 파뷸라를 의도적으로 훼손시켜 전경화시킨 것이 슈제인데, 낯설게 하기로서의 슈제를 통해 사건의 인과 관계나 갈등 요소들이 두드러지게 부각될 수 있다는 것이다. 이처럼 슈제는 연대기적 시간 순서를 파괴하고, 인과 관계의 순서를 뒤바꾸며, 1인칭 소설에 3인칭 일화를 삽입하는 등 다양한 수법을 사용하여 파뷸라의 이야기 구조를 의도적으로 낯설게 만든다.

토마셰프스키는 이러한 슈제의 사용이 문학을 일상적 사건의 자동적 서술과 구분되는 예술적 구성 효과를 갖게 하는 요인이 된다고 보았다. 따라서 그는 이러한 서사 구조 분석에 있어서 가장 작은 이야기 단위를 모티프라고 명명하고, 이 모티프의 결합이나 인과 관계 등을 주목했다. 즉 모든 이야기는 논리적이고 인과적이며 시간 순서로 배열된 모티프들의 총합이라는 점에서, 이러한 모티프의 구조에 대한 파악은 소설의 주제와 의미를 이해하는 중요한 방법이 된다는 것이다. 그는 모티프를 구속 모티프(bound motif)와 자유 모티프(free motif)로 구분했다. 구속 모티프는 작품의 내용과 긴밀하게 관련된 것으로 인과 관계를 파악하는 데 필수적인 요소이고, 자유 모티프는 사건과는 직접 연관을 맺지 않는 부차적인 이야기나 장면 묘사에 해당한다. 사건 전개에 있어서 구속 모티프는 반드시 있어야 하는 반면 자유 모티프는 없어도 무방하지만, 이러한 자유 모티프는 사건 전개를 지연시키거나 방해하는 대신에 한 작품의 예술적 효과를 높여 주는 작가의 의도를 담고 있다는 점에서 특별한 기능을 한다. 또한 한 작품에서 상황의 변화를 일어나게 하는 기능 여부에 따라 동적 모티프(dynamic motif)와 정적 모티프(static motif)로 나누기도 한다. 대체로 주요 등장인물의 행동은 동적 모티프로, 자연이나 인물 묘사 등은 정적 모티프에 해당한다고 할 수 있다.

3) 신비평(new criticism)

신비평은 1930년대에서 1950년대에 이르기까지 미국을 중심으로 발전한 비평 이론이다. 신비평이라는 용어는 랜섬(J. C. Ransom)이 리쳐즈(I. A. Richards), 앰프슨(W. Empson) 등과 함께 출간한 『뉴크리티시즘』(The New Criticism, 1941)에서 비롯되었다. 이들은 랜섬이 교수로 있었던 미국 밴더빌트 대학을 중심으로 모인 남부파들이었는데, 이들 외에도 테이트(A. Tate), 웨렌(R. P. Warren), 비어즐리(M. C. Beardsley) 등이 있다. 뉴크리티시즘의 형성에 가장 큰 영향을 끼친 비평가는 엘리어트(T. S. Eliot)이다. 엘리어트에 의하면, 문학 전통 혹은 문학사는 결정적이거나 변경할 수 없는 것이 아니라 새로운 작품의 출현에 따라 끊임없이 갱신되는 것이고, 예술가의 체험은 결국 작품 속에 응축되어 있으므로 독자가 주목해야 하는 것은 작품을 만든 작가가 아니라 작품 그 자체여야 하며, 예술가의 정서와 개성은 문학작품 속에서 형상화됨으로써 의미를 갖게 된다. 이러한 그의 문학관은 시란 정서의 유출이 아니라 정서로부터의 도피이며, 개성의 표현이 아니라 개성으로부터의 도피라는 '비개성론', 한 편의 시에서 정서는 직접적으로 드러나서는 안 되고 구체적 인정물이나 대상을 통해 환기(喚起)되어야 한다는 '객관적 상관물' 등의 이론으로 구체화되었다.

신비평은 미국 북부 중심으로 팽창되는 산업 물질주의에 반발하여 보수주의와 규범주의를 강조한 미국 남부 지역 학자들의 관심으로 발전하였다. 또한 2차 세계대전 이후 냉전 상황이 더욱 고조되면서 이러한 냉전 이데올로기에서 벗어나 정치나 사회로부터 자유로운 독립적인 연구를 열망하는 흐름이 조성되면서 자연스럽게 신비평이 적극적으로 수용되었다. 따라서 신비평은 언어 비평, 분석 비평의 성격을 지닌 것으로 텍스트를 꼼꼼하게 읽고 자세하게 읽는 방법을 전제로 한다. 즉 텍스트의 구성 요소들과 주제 사이의 복잡한 관계를 면밀히 검증하는 독법과 텍스트의 유기적 통일성이 어떻게 구축되는지를 살피는 데 목적이 있는 것이다. 그러므로 신비평은 문학 작품의 의미를 구조적으로 분석하는데 초점을 두는데, 구조는 언어학적, 의미론적, 철학적, 심리학적 요소들의 통일된 복합체이므로 그것은 다양한 기법과 기교로서 작품 속에서 실현된다. 결국 신비평은 작품 속에 구현된 이러한 기법이나 기교의 구조적 의미를 분석하고 이해하는 방법론이라는 점에서 다양한 기법 용어에 대한 이해가 필요하다.

① 윔셋 비어즐리 : 의도의 오류, 감동의 오류(영향의 오류)

윔셋은 문학작품 그 자체에 초점을 두는 객관주의를 주장한 비평가로서, 비어즐리와 함께 「의도의 오류」(The Intentional Fallacy, 1946), 「감동의 오류」(The Affective Fallacy, 1949)라는 두 편의 논문을 발표했다. 이 논문에서 그들은 엄격한 객관성을 갖고 문학작품의 특성을 분석해야 한다는 관점에서, 작가의 전기를 무시하고 특정 독자들의 정서적 반응도 통제해야만 작가의 의도나 독자의 주관적 감정과 상관없이 객관적으로 존재하는 문학 작품의 의미를 밝혀낼 수 있다고 주장했다. '의도의 오류'는 작가나 시인의 의도에 따라 작품을 평가하는 데서 발생하는 오류를 말하고, '감동의 오류'는 독자의 주관적 감정과 영향이 미치는 효과에 따라 작품을 평가하는 데서 발생하는 오류를 말한다.

그들에 의하면, 작가 본래의 의도와 작품에서 성취된 의도 사이에는 근본적 차이가 있는데, 이러한 차이를 혼동하는 데서 작품의 이해와 평가에 오류가 발생한다. 또한 문학작품은 그것이 작품으로 완성되는 순간 이미 작가와는 무관한 것이 되므로, 이 작품을 또 다른 의미적 실체로 평가해야지 작가가 의도한 것이 그대로 실현된 결과물로 이해해서는 안 된다. 게다가 복잡한 창작의 과정을 거치면서 대부분 작가의 의도는 온전히 실현되지 못하는 경우가 많다는 점에서, 작가의 의도는 작품과는 실제적으로 무관한 것이 되기도 한다는 점을 간과해서는 안 된다. 따라서 작가의 생애나 직접적인 환경, 창작에 대한 작가의 견해나 작품의 근원 등에 관한 논의는 비평의 영역에서 제외되어야 한다고 보았다.

특정한 작품을 평가하는 데 있어서 독자에게 끼치는 심리적, 정신적 영향에 지나치게 의존하는 것도 상당히 많은 오류를 범하게 한다. 따라서 문학 작품은 감정을 전달하는 수단이 아니라 그 자체의 변별적 자질을 지닌 독립적 실체라는 점에서, 주관적 감정의 효용이나 효과의 차원이 아닌 문학작품 그 자체가 지닌 객관적 의미에 대한 해석에 주력해야 한다. 특히 한 작품에 대한 감동은 시시각각으로 변하는 가변적인 속성을 지니고 있고, 독자에 따라서도 일률적으로 설명하기 어려운 다양성을 지니고 있다. 그러므로 문학작품을 읽고 감동을 받으면 곧 그 작품은 좋은 작품이라는 식의 주관적인 해석은 올바른 평가라고 할 수 없다. 결국 문학 비평은 문학작품 그 자체에 관심을 두어야지 독자에게 미치는 가변적이고 개인적인 영향에 관심을 두어서는 안 된다. 그 결과 독자에게 미친 감동 혹은 영향이 작품을 평가하는 기준으로 작용함으로써 작품 자체의 본질적 이해를 방해하거나 훼손하는 오류를 범하게 된다는 것이다.

② 브룩스 : 반어(irony)와 역설(paradox)

브룩스는 『현대시와 전통』(1939)에서 문학적 언어에 관심을 기울일 것, 어조, 분위기, 목소리, 은유, 상징을 찾아내고 그 정당성을 밝힐 것, 내용과 의미에 통일성을 주는 형성 원리를 지각할 것, 작품을 존재하게 하는 창조적 과정을 공유할 것, 유기적 전체성을 긍정적으로 받아들일 것을 강조했다. 또한 『잘 빚어진 항아리』(1947)에서는 시의 구조를 주목하여 반어와 역설을 중요시 했는데, 시 안에서 여러 요소들이 병치되고 대조될 때, 시인이 이러한 요소들을 어떻게 결합시켜 복잡하고 다양한 의미를 조성하는가에 따라 좋은 작품이 결정된다고 했다.

반어는 겉으로 드러난 말과 행동이 실제로 의미하는 말과 행동과 커다란 차이를 보이는 진술로, 작품 표층에 드러난 것과 반대되는 말과 행동이 작품 속의 실제적 의미로 구현될 때 발생한다. 즉 표층에 드러난 외연적 의미와 심층에 숨겨져 있는 내포적 의미 사이의 모순과 대립을 통해 그것의 진정한 본질적 의미를 발견하게 하는 것이 반어적 특성이다. 그리고 역설은 겉으로 어긋나는 모순 형용적 진술이 그 속에 어떤 진리를 내포하고 있는 것이다. 반어와 달리 이미 말 자체에 모순을 드러내고 있는 것으로, "님은 갔지마는 나는 님을 보내지 아니하였습니다"(한용운, 「님의 침묵」), "찬란한 슬픔의 봄"(김영랑, 「모란이 피기까지는」)이 그 예이다. 이러한 역설적 진술은 겉으로 드러난 모순 어법을 통해 시적 대상이 지닌 양가적 속성을 부각시킴으로써 심층적 의미 해석을 불러오는 문학적 언어 사용이라고 할 수 있다.

③ 엠프슨 : 애매성(ambiguity)

문학적 언어는 일상적 언어와 달리 그 의미를 명확하게 밝혀내기 어려운 애매성 혹은 모호성을 지닌다. 이러한 애매성은 어떤 문장이 여러 가지 의미가 중첩되어 복합적인 의미를 가진다는 것을 의미하므로, 문장 자체가 난해하여 해독하기 어렵다는 표층적인 해석 불가능성을 의미하는 것은 아니다. 엠프슨은『애매성의 일곱 가지 유형』에서, 한 낱말 또는 문장이 동시에 여러 방향으로 효과를 미치는 경우, 둘 이상의 뜻이 저자가 의도한 단일한 뜻을 형성하는 데 기여하는 경우, 일종의 동음이의어로 한 낱말로 두 가지의 서로 다른 뜻이 표현되는 경우, 서로 다른 의미들이 결합을 하여 시인의 정신 상태를 나타내는 경우, 시인이 한 개념에서 다른 개념으로 옮겨갈 때 그 변화된 진술이 정확하게 부합되지 않는 경우, 한 진술이 모순되든가 부적절하여 독자가 스스로 해석을 가해야 하는 경우, 한 진술이 근본적으로 모순되어서 작가의 정신에 원천적으로 분열이 있는 경우 등으로 정리하였다.

사물과 대상의 실체를 규정하는 언어는 본질적으로 애매하거나 모호할 수밖에 없다. 지시적 언어의 명확성과는 달리 문학적 언어는 주관과 객관이 상호 반응하는 과정에서 이루어지고, 그 대상 자체가 고정되어 있지 않은 유동성을 지니므로 그 의미 또한 명료하게 개념화되기 어려운 것이다. 일상어가 외연적 의미를 벗어나지 않는 지시적이고 전달적인 진술인 반면, 문학적 언어는 한 단어가 두 가지 또는 그 이상의 의미를 지시하거나 포함하고 있어서 문학 언어는 함축적이고 내포적이며 다의적인 속성을 지닌다. 결국 이러한 문학 언어는 규범적이고 객관적인 차원을 벗어나 개성적이고 주관적인 언어가 되지 않을 수 없다.

④ 테이트 : 내포(intension)와 외연(extension), 시적 긴장(tension)

테이트는 언어의 문자적 의미인 '외연(extension)'과 비유적 의미인 '내포(intension)'에서 접두사인 'ex'와 'in'을 제거하고 남은 '긴장(tension)'이라는 의미를 창안했다. 외연은 작품 외부를 향하는 힘이고 내포는 작품 내부를 향하는 힘이란 점에서 양자는 밖과 안이라는 대립적 자질로 충돌하는 양상을 드러내는데, 이러한 의미의 균형 상태를 '긴장'이라고 명명한 것이다. 즉 문학적 언어는 이질성의 측면과 동질성의 측면이 지닌 긴장 관계 속에서 나타난다고 보고, 이러한 긴장의 언어 사용이 문학을 문학답게 하는 결정적 요인인 된다는 것이다.

테이트의 주장이 있기 전부터 내포적인 것과 외연적인 것 사이의 충돌이 가져오는 힘의 균형에 대한 주장은 있었다. 죤 듀이는 "내부적 긴장이 없으면 목표가 곧장 흘러가 버릴 것이다. 발전과 성취라고 할 것은 없어질 것이다. 저항이 있다는 것이 작품의 창작에서 지성이 있을 자리를 확보시킨다"고 말했고, 리처즈 역시 예술은 충돌적 요소들의 힘겨운 화합을 이루어준다고 했으며, 코울리지도 예술적 능력인 상상력이 서로 반대되는 요소들의 화합 또는 균형을 이룬다고 했다. 이처럼 문학의 힘은 그것이 나타내는 현실과 이상의 긴장, 시적 율격과 일상 언어의 리듬과의 긴장, 문학적으로 쓰인 낱말의 여러 뜻 사이에 벌어지는 긴장으로 발생하는 애매성, 표면적 의미와 이면적 의미 사이의 차이에서 비롯되는 긴장이 만드는 역설 등 동질적인 요소와 이질적인 요소 간의 의미 있는 긴장에서 발생한다고 할 수 있다.

4) 형식주의 비평의 의의와 한계

문학 외적 요소에 치중하는 역사주의비평이나 사회문화비평과는 달리 형식주의 비평은 문학작품의 내적 요소들에 대한 자세한 읽기나 분석을 통해 그 작품의 구조적 의미를 탐색하는 것이란 점에서 중요한 의미가 있다. 문학작품을 둘러싼 외부적 요인이 작품 해석과 밀접한 연관을 맺고 있는 것은 분명한 사실이지만, 문학의 본질은 언어 구조물로서의 그 자체의 속성에 있으므로 지나치게 외부적 요인들에만 의존하는 작품 해석은 문학의 본질을 벗어난 해석을 가져올 수 있다는 것이다. 따라서 형식주의비평은 문학작품을 이루는 언어의 구조적 특징들을 분석하는 데 초점을 두고, 이러한 구조적 특징이 일상적 언어 사용과는 다른 문학적 언어 사용의 특이성에서 온다고 보고 이러한 문학성을 드러내는 기법적 양상들을 중요한 비평적 기준으로 삼았다. 형식주의가 곧 기법주의가 되는 이유도 바로 여기에 있다.

하지만 이러한 내부 절대화의 논리는 결국 외부를 배제하는 극단적 언어주의로 흐를 수밖에 없어서, 문학 작품을 작가와 시대 그리고 독자의 영역과 무관한 데서 이루어지는 것으로 만들어 버리는 명백한 한계를 노출하고 있다. 그 결과 언어적 요소 이상의 정신적인 측면이나 사상적인 측면과 관련 있는 문학작품의 내용성을 철저하게 외면함으로써 결과적으로 문학작품에 대한 다양한 해석을 차단하는 결과가 되고 마는 것이다. 또한 작품의 사회적 역할이나 독자의 역할을 원천적으로 차단함으로써, 문학이 지닌 본래적 기능으로서의 사회적 소통의 차원이나 역사와 현실을 선도하거나 비판하는 정치적 목소리의 가능성을 부정하는 것이 되어버려 문학의 현재적 의미나 위상에 대한 그 의의를 상당 부분 훼손시키기도 한다. 결국 이러한 내부 절대화의 언어적 논리 역시 문학 작품 해석에 있어서 심각한 오류를 발생시키는데, 외적인 지식이나 가치에 의존하지 말고 오로지 작품의 언어나 구조 분석에만 치중하는 데서 '객관적 오류'가 발생할 수도 있다.

5. 구조주의비평

1) 구조주의비평 개관

구조주의비평은 언어학의 방법론을 토대로 문학의 과학화를 시도한 것으로, 문학 외적 요소에 치중하는 역사주의를 반대하고 문학 내적 요소에 주목하는 형식주의를 계승한 측면이 있다. 구조주의는 단순한 경험주의에 대한 반대를 통해 문학 작품의 표면을 분석해 들어가면 그 이면에 심층적 구조가 내재되어 있으므로 그 구조를 찾아내는 것이 목표이다. 따라서 개별 주체들의 심리나 의식 그리고 사회적 경험과 시대적 환경 등을 강조하는 주관적 요소를 철저하게 배제하고, 모든 사회 문화 현상을 개별 주체의 활동이 만들어낸 결과가 아닌 인간의 의식 속에서 보편적으로 내재되어 있는 구조가 발현된 것으로 보았다. 그러므로 문학 작품 속의 구조를 밝혀내고 분석하는 객관적이고 과학적인 연구가 문학 연구의 방향이 되어야 한다는 것이다.

구조주의비평은『일반언어학강의』(1916)에서 소쉬르가 제시한 언어학 이론에 기본적인 바탕을 두고 있다. 소쉬르는 이 책에서 세 가지 언어적 원칙을 제시했는데, 첫째는 언어는 경험적인 실체로서가 아니라 언어적 체계 내에서의 위상을 정함으로써 분석될 수 있다는 것, 둘째는 언어는 랑그(langue)와 빠롤(parole)로 구분되는데, 개개의 언어로서 우리가 구사하는 구체적인 발화로서의 빠롤이 아닌 언어체계 속에서 파악된 구조적 언어로서의 추상적 문법(언어규칙)인 랑그를 연구하는 것을 언어학의 목표로 삼는다는 것이며, 마지막으로 언어는 기표

(signifiant)와 기의(signifie)로 이루어진 자의적 관계라는 점에서, 모든 의미는 선험적으로 결정된 것이 아니라 전후 문맥이라는 담화의 구조 속에서 정해진다는 것이다. 이처럼 소쉬르는 언어적 기호가 결합되어 의미를 생성하는 법칙을 찾아내어 그것이 언어 전체에 적용되는지를 살펴봄으로써, 모든 언어 현상의 보편적 법칙으로서의 체계와 문법을 찾아내려고 했다. 이러한 보편적인 문법, 즉 랑그의 체계가 바로 구조라고 할 수 있다.

그렇다면 이러한 구조주의는 문학 내적 연구로서 언어의 기법에 주목하는 형식주의와 어떤 점에서 차이가 있는지를 생각해 볼 필요가 있다.

> 러시아 형식주의와 프랑스 구조주의는 많은 유사성을 가지고 있지만, 형식주의가 문학 체계 전체(랑그)에 비추어 개별 예술작품(빠롤)을 밝히는 일에 주로 관심을 쏟는 데 비해, 구조주의자들은 랑그 전체, 즉 기호체계 자체를 총체적으로 밝혀내려는 방향을 취한다. 따라서 구조주의자들의 활동은 자연히 상부구조에 대한 연구, 이데올로기에 대한 연구가 되는 경향이 있으며, 인간의 의식적인 삶을 무의식적으로 규정하는 가치체계나 기호체계들에 대한 총체적 분석으로 나아간다. 그렇기 때문에 구조주의의 연구업적 속에는 마르크스주의에서 제기된 상부구조와 토대의 문제가 어떻게든 다루어지기 마련이다.[18]

구조주의는 문학을 포함한 모든 문화의 구조가 언어의 구조와 유사하다는 것을 전제로 한다. 그리고 이러한 구조는 개별 작품(빠롤)의 의미를 파악하는 데서 발견되는 것이 아니라 각 텍스트 간의 관계, 즉

18) T. 이글턴, 김명환 외 역, 『문학이론입문』, 창작과비평사, 1995, 327쪽.

랑그에서 그 의미를 찾을 수 있다고 보았다. 비유해서 말하자면, 형식주의는 숲 속의 나무들 각각에 대해서는 그 의미를 미시적으로 분석해내지만, 결과적으로 각각의 나무들이 구성 요소가 되어 전체를 이루는 숲의 구조적 의미에 대해서는 설명하지 못하는 한계를 지녔다. 따라서 숲(구조)의 체계에 대한 파악이 전제되어야 나무(기법)들이 만들어내는 의미도 제대로 이해할 수 있다는 것이다. 이러한 구조주의 비평은 프랑스와 체코를 중심으로 전개되었는데, 레비 스트로스, 롤랑 바르트, 블라디미르 프로프, 줄리앙 그레마스, 츠베탕 토도로프, 제라르 주네트 등에 의해 이론적으로 체계화되었다.

2) 프랑스 구조주의

① 레비 스트로스 : 구조주의 인류학

레비 스트로스는 구조주의의 원리를 문화현상 전반에 적용하고자 했는데, 이를 위해 마르크스주의, 프로이트 심리학, 지질학 등의 영향을 받았다. 즉 모든 표면 현상에는 그것을 결정하는 심층 구조가 있다는 구조주의의 원리를 통해, 사회 현상의 심층에는 자본주의 사회 구조가 있고, 겉으로 드러난 의식은 무의식의 구조에 의해서 발현되는 것이며, 지표면의 현상을 결정하는 것은 지층 구조라고 보았다. 레비 스트로스는 이러한 구조주의 이론을 인류학 연구방법에 적용했는데, 친족 관계는 혈연이라는 개인적인 관계에 의해 형성되는 것이 아니라, 인간의 의식 내부에 있는 표상의 체계에 의해서 결정된다는 것이다. 이때 인간의 의식은 신화적 의미를 부여받는데, 인간이 믿는 신화 혹은 신화적 언어에 의해서 그러한 현실이 이루어진다고 믿는 관습적 체계가 무의식적으로 구조화되는 것이다. 오늘날 민족을 혈연 공동체가 아닌 상상의 공동체로 보는 이유도 바로 이러한 신화적 무의식이 인간의 삶과 의식 속에 투영된 결과라고 할 수 있다.

② 롤랑 바르트 : 기호학

바르트는 소쉬르의 구조주의 언어학과 레비 스트로스의 구조주의 인류학을 의미작용의 기호학 이론으로 확장해 나갔다. 문학작품은 발신자가 수신자에게 전달하는 일종의 기호 체계이다. 기표와 기의가 결합하여 기호로 전달되는 과정을 의미작용 혹은 의미화라고 하는데, 바르트에 의하면 이러한 의미 작용은 두 가지 단계로 구분된다. 1차적 단계는 기호가 현실을 대표하는 자연적인 수준이며, 2차적 단계는 기호화된 언어 표상으로서의 기표가 함축적 의미를 지닌 기의를 생성함으로써 또 다른 기호를 생산하는 신화적 수준의 것을 의미한다. 여기에서 신화란 고전적인 신화 체계를 의미하는 것이 아니고 일종의 특수한 언술 체계로서의 의미 체계를 의미한다. 이러한 신화적 의미작용은 상징과 유추에 의해서 기표와 기의의 관계가 새롭게 형성되는 것으로 무수히 반복되고 확장될 수 있다. 즉 아래 그림에서 제시된 1차적 기표(Ⅰ)가 생성되는 과정은 수사적인 차원에서의 언어적 의미작용이고, 2차적 기표(Ⅲ)가 생성되는 과정은 신화적인 의미를 생성하는 신화적 의미작용이다.

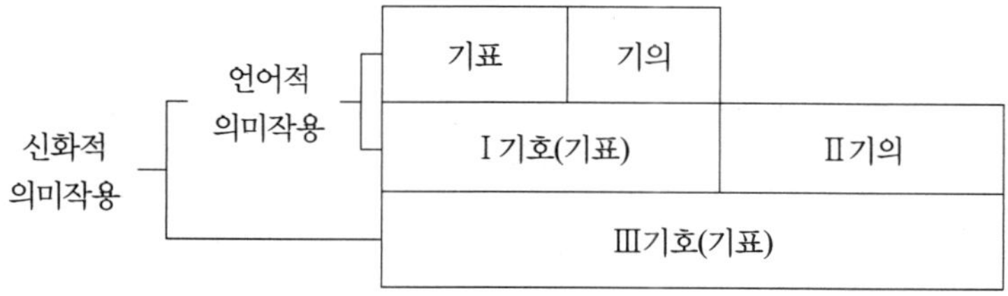

롤랑 바르트는 이러한 언어적 의미 작용을 일상 생활의 모든 문화적 행위에 적용하여 신화적 의미 작용을 체계적으로 설명하고자 했는데, 이러한 연구 방법이 바로 '기호학(semiology)'이다. 기호학은 언어를 비롯한 모든 사회적, 문화적 관습 속에서 기호의 의미 작용을 분석하는데 적용되는데, 의상, 요리, 건축 등을 일종의 언어적(기호적) 의미작용으로 봄으로써 그것들이 갖고 있는 의미를 구조화하고자 한다. 예를 들어 바르트는 의상은 개인의 표현이나 스타일의 문제로 보지 않고 언어 체계와 마찬가지로 일종의 의상 체계의 작용으로 분석했다. 즉 랑그에 의해서 무수한 빠롤이 생산되듯이, 의상 체계에 의해 각 의상들의 조합이나 결합이라는 다양한 패턴이 구성된다고 본 것이다. 스커트 – 블라우스 – 재킷이라는 의상 조합은 바로 이러한 의상 체계에 의해 구성된 형식이라는 것이다.

③ 블라디미르 프로프 : 민담형태론

구조주의의 원리를 서사 장르의 분석에 적용한 것이 구조주의 서사학이다. 모든 언어(빠롤)의 심층에 보편적 문법(랑그)이 존재하듯이, 모든 이야기의 심층에는 그 이야기를 생성하는 일종의 서사적 문법이 내재되어 있다는 것이다. 따라서 이야기의 구성 원리인 서사적 문법을 찾아내어 서사의 보편적인 법칙을 구조적으로 설명해내는 것이 바로 구조주의 서사학이다. 구조주의 서사학의 핵심은 플롯에 대한 분석에 있는데, 이 때 플롯은 내용적인 측면보다는 형식적인 측면에서 이야기를 구성하는 기능소의 결합이라는 차원에서 분석된다. 이러한 연구 방법의 대표적인 것으로 프로프의 러시아 민담에 대한 구조적 연구가 있다.

프로프는 러시아 민담을 분석하면서 이야기를 작은 단위로 나누어 일종의 플롯 분석을 했다. 그 결과 러시아 민담의 플롯은 최대 31개의 기능소로 나누어지는데, 이것은 그 이상을 초과하지 않는 범위 내에서 항상 똑같은 순서로 나타난다는 것이다. 프로프가 제시한 민담의 기능소 중 마지막 부분을 보면 아래와 같다.

25. 어려운 과제가 주인공에 부과된다.
26. 그 과제가 해결된다.
27. 주인공이 인정받는다.
28. 가짜 주인공 혹은 악당이 드러난다.
29. 가짜 주인공에게 새로운 모습이 주어진다.
30. 악당이 벌을 받는다.
31. 주인공과 결혼하고 왕위에 오른다.

하지만 이러한 서사 단위 분석은 모든 소설의 줄거리를 사실상 동일하게 만들어, 대부분의 서사문학을 같은 이야기의 변형으로 보는 지나치게 단순한 해석에 이르게 된다. 모든 이야기에는 이러한 구조적 단위 외에도 다양한 요소들이 복합적으로 작용하므로 31개 기능소로 단순화시켜 정리하기는 사실상 불가능하기 때문이다. 대체로 이야기 구조가 단순하고 복잡하지 않는 서사문학의 분석에는 어느 정도 용이할지는 모르지만, 서사 전개가 아주 다양하고 복잡한 현대소설의 서사구조를 분석하고 이해하는 데는 적합하지 않은 한계가 뚜렷하다고 할 수 있다.

④ 토도로프 : 명제와 연쇄

토도로프는 이야기의 기본 단위를 명제(proposition)와 연쇄(sequence)라 나누어 서사 문학을 분석하였다. 명제는 더 이상 줄일 수 없는 행동 단위인데, 등장인물(명사)이 속성(형용사)이나 행동(동사)과 결합된 형태로 규정했다. 예를 들어 'X는 Y를 사랑한다'라든가 'Y는 X의 친구이다'와 같은 행동 단위가 그것이다. 그리고 연쇄는 이러한 명제들을 연관된 것을 중심으로 묶어 배열한 것을 말한다. 따라서 한 편의 이야기는 이러한 명제들의 연쇄로 이루어지는 구조를 지닌다고 보았다.

토도로프에 의하면, 명제를 이루는 모든 속성은 세 가지의 형용사적 범주, 즉 상태, 내적 특성, 외적 조건 가운데 어느 것으로 환원될 수 있고, 모든 행동은 '상황을 변경한다'. '규칙을 위반한다', '벌하다' 가운데 어느 한 가지로 환원될 수 있다. 그 결과 이야기의 연쇄는 주로 등장 인물의 성격 표시에 관한 이야기인 속성적(attributive)인 것, 법과 법의 위반자 그리고 위법자의 처벌과 관계되는 응보적(retributive)인 것 중의 어느 하나로 분류된다.

이처럼 토도로프는 언어를 이해하기 위해서는 문법을 알아야 하듯이 서사적 이야기를 알기 위해서는 서사문법을 이해해야 한다고 보았다. 이야기를 문법적으로 설명함으로써 객관적이고 과학적인 연구를 성취하는 것을 구조주의 서사학의 목표로 삼은 것이다. 다만 프로프와 마찬가지로 비교적 이야기의 구조가 단순한 것을 대상으로 했기 때문에 이러한 유형화가 가능하지만, 현대 소설의 복잡하고 다양한 구조를 특정한 유형과 서사문법으로 분류한다는 것은 사실상 불가능한 측면이 많다. 또한 이러한 서사문법의 도식화는 서사의 전체적인 구조를 파악하는 데는 일정 부분 용이하겠지만, 개별적인 이야기의 특성을 전혀 고려하지 않는다는 점에서 구조주의의 한계를 여실히 드러낸다고 하겠다. 작품에 대한 올바른 해석이 전제되지 않는 상태에서 객관적인 이야기의 문법은 구조화될 수 없는 것이다.

⑤ 그레마스 : 기호학적 사각형

그레마스는 통사론의 측면에서 서사문법을 찾고자 했던 토도로프와는 달리 의미론적 차원에서 구조주의 서사학을 전개했다. 즉 텍스트에서 의미가 어떻게 형성되는지 그리고 이러한 의미 생성이 어떻게 이야기를 구조화하는지에 대해서 관심을 기울인 것이다. 이를 위해 그레마스는 의미작용을 네 가지의 층위로 구분하여 설명했는데, 가장 표층에 드러나는 텍스트의 층위, 발화 상황을 고려한 담론의 층위, 행위자 모델의 도식적 구조인 이야기체의 층위, 가장 심층의 의미생성의 층위가 그것이다.

구조주의자들은 이항대립의 관계로 의미를 규정한다. 즉 남자는 여자라는 존재와의 이항대립을 통해서 의미를 생성한다는 것이다. 하지만 모든 사물과 대상들이 이러한 이항대립의 구조로 명확하게 설명될 수 있는 것은 아니다. 의미는 이항대립의 체계보다 훨씬 더 복잡하고 미세한 의미소들의 복합적인 작용으로 생성되기 때문이다. 그레마스는 이러한 의미들의 복잡한 관계를 해명하기 위해 '기호학적 사각형' 모델을 제시한다. 예를 들어 흰색이라는 개념을 기호학적 사각형에 의해 그 의미를 설명하면 아래 그림과 같다.

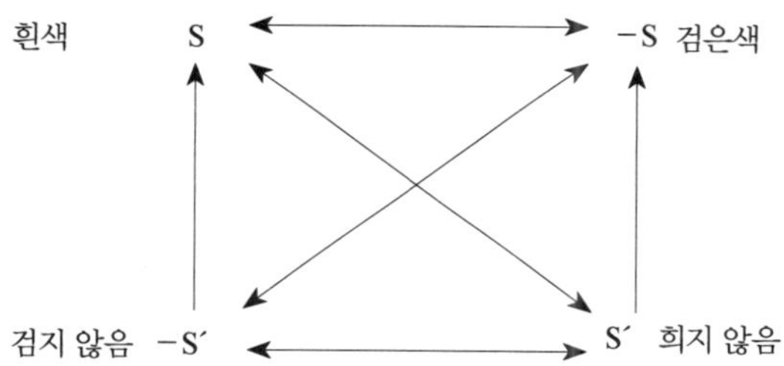

검은색(−S)이 없다면 흰색(S)이라는 개념은 무의미하므로, 흰색은 검은색과의 이항대립에 의해 그 의미를 갖는다. 그러나 사실 이러한 이항대립은 흰색과 다른 색들과의 관계를 매개하지 않으면 정확히 그 의미를 규정할 수 없다. 즉 흰색은 검은색과 반대된다는 점에서 흰색이지만, 그 이전에 검은색을 포함하여 다른 여러 색들과 구분되는 검지 않음(− S')이라는 점을 고려하지 않으면 안 된다. 다시 말해 흰색은 검은색과 정반대되는 동시에 검지 않은 다른 색들과 구별된다는 점에서 흰색이 되는 것이다. 이러한 의미작용은 검은색의 경우도 동일하게 작용한다고 할 수 있다. 이처럼 흰색은 고정된 의미의 항목으로 존재하는 것이 아니라 여러 의미소들로 구성된 체계 내에서 다른 의미소들과의 역동적 관계를 통해 그 의미를 생성하게 된다.

3) 체코 구조주의 – 야콥슨 : 시적 기능, 은유와 환유

체코 구조주의는 러시아 형식주의의 성과를 계승하여 발전시켰는데, '낯설게 하기'를 발전시킨 '전경화'의 개념을 토대로 언어 자체에 주의력을 환기시키는 시적 기능을 주목했다. 즉 언어에는 여러 가지 기능이 있는데 야콥슨은 의사소통의 6가지 요소에 따라 어느 것에 중점을 두느냐에 따라 6가지 언어의 기능이 나타난다고 설명했다.

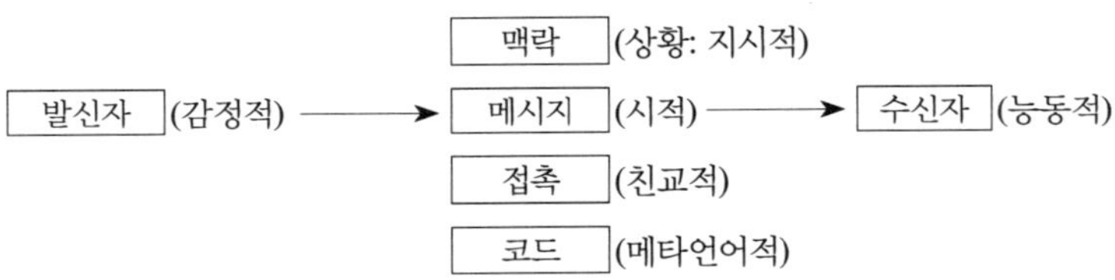

6사지 언어적 기능은 의사소통을 이루기 위해서는 모두 필요한 요소이지만, 특정한 상황에서 특정한 기능이 강조되어 중점적으로 사용되기도 한다. 시적 기능은 메시지(언어) 자체에 주의력이 집중되는 것으로, '낯설게 하기'나 '전경화'는 이러한 기능을 극대화한 사용이다. 즉 시적 기능을 두드러지게 드러내는 기법으로서의 전경화는 일상적인 언어 사용으로부터 벗어나 새로운 언어문법을 생성하는 규범적 언어로부터의 일탈을 의미한다. 따라서 야콥슨은, 시를 "일상 언어에 가해진 조직적 폭력"이라는 점에서 시적 언어와 일상 언어 사이에는 근본적인 차이가 있다고 했다. 일상 언어는 사물과 대상에 대한 지시적 기능을 가지는 것으로 정보나 메시지 전달의 차원에 머무르지만, 시적 언어는 외부적인 것을 지시하는 데 그치는 것이 아니라 그 자체로 내적 의미를 포함하는 자기 초점(self – focused)의 특성을 지닌다는 것이다. 이러한 일상적 언어와의 변별적 자질이 바로 문학성인데, 문학 연구의 대상은 이와 같은 문학성, 즉 어떤 것을 문학적인 것으로 만드는 특성을 해명하는 것을 의미한다.

야콥슨은 「시란 무엇인가」에서 문학성과 대응되는 시성(詩性), 즉 시적 기능을 언급한다. 여기에서 시적 기능이란 지시적 기능으로서가 아니라 그 자체로 지각되는 대상으로서의 언어적 특성을 지닌 것이 시어라고 보는 것이다. 이러한 시적 기능은 다른 요소들을 변용시키고 그 요소들과 함께 작품 전체의 성격을 결정하고 조직하는 역할을 한다. 따라서 이러한 시적 기능을 실현하기 위해서는 일상 언어와 구분되는 문학적 언어로서의 기법과 형식이 요구되는데, 기법과 형식의 구조화가 시를 시답게 만드는 시적 기능의 필수적 요건이 된다.

이처럼 야콥슨은 일반적인 언어로 이루어진 산문과 구분되는 시의 언어적 특징을 설명하기 위해 '은유'와 '환유'를 설명한다. 은유가 원관념과 보조관념 사이의 '유사성'에 근거한다면, 환유는 인접성에 기초한다. 예를 들어 '저기 꼬마가 서 있다'에서 '꼬마'는 '어린이, 아이, 소년' 등 유사한 용어 가운데 유사성의 측면에서 선택된 것이고, '지금 청와대는 중대한 정책을 고려 중이다'에서 '청와대'는 건물을 내세워 대통령을 시사하는 의미를 확보하는 인접성의 측면에서 선택된 것이라고 할 수 있다. 또한 야콥슨은 은유는 시의 원리에서 우세하게 드러나고, 환유는 산문의 원리에서 두드러지게 드러난다고 구분했다. 여기에는 선택과 배열이라는 특성으로 차이가 나타나는데, '사람은 혼자 펄럭이고'의 경우 '나부끼다, 펄럭이다, 흔들리다' 등의 선택항 가운데 '펄럭이다'가 선택되어 주어인 사람의 서술어로 배열되고 있다. 사실 '펄럭이다'는 '사람'이 아닌 '깃발'의 서술어로 선택되는 것이 더욱 적합한데 사람의 움직임과 깃발의 움직임을 등가적으로 판단하고 인접성에 기초하여 이질적인 두 단어를 연결하여 배열하고 있는 것이다.

이처럼 시적 기능은 아래 이육사의 「청포도」에서 보듯이, 등가성의 원리에 의해 선택의 축에서 배열의 축으로 연결되면서 일상적 언어와는 다른 시적 언어로서의 특성을 갖게 된다.[19] 반면 산문의 경우에는 이러한 시적 기능이 약화되고 지시적 기능이 우세해서, 주어와 서술어 간의 배열 관계에 초점을 두고 의미적 인접성을 가진 호응 관계가 자연스럽게 이루어지는 것을 중요하게 여긴다. 따라서 산문은 시와는 달리 인접성에 기초한 언어 배열의 정합성을 강조하는 환유원리가 우세하게 되는 것이다.

		배열 ⟶			
선	↓	이 마을	전설이	주저리주저리	열리고
택	↓	고향	이야기	알알이	
	↓	고장	옛날	주절주절	

4) 구조주의비평의 의의와 한계

구조주의비평은 문학 작품을 자율적이고 독립적인 실체로 보고 언어학적 방법론을 통해 작품의 내적 구조를 밝혀내는 데 목적이 있다. 하지만 이러한 구조에 대한 집착은 가치평가를 배제하고 역사를 도외시하여 텍스트의 사회역사적 관련성을 무시하는 경향이 뚜렷하다. 또한 문학작품을 주체적 해석의 차원에서 창조적 의미를 파악하는 대

19) 김준오, 『시론』, 삼지원, 2018, 84~88쪽 참조.

상이 아닌 이미 선험적으로 주어진 객관적 구조물로 본다는 점에서 명백한 한계를 지닌다. 이러한 구조주의의 문제점을 두고 프레드릭 제임슨은 '언어의 감옥'이라고 비판하기도 했다.

이처럼 구조주의 비평은 랑그의 측면을 연구 대상으로 삼는 언어학과 마찬가지로 모든 문학 작품의 보편적 구조로서의 체계에 대한 탐색에 주력했다. 하지만 문학은 이러한 랑그의 측면을 지님과 동시에 무수한 개별 발화로서의 빠롤의 측면도 아울러 지니고 있음을 간과했다는 점에서 문제가 있다. 즉 보편적 구조가 실현된 개별 작품의 특수성에 대한 해명을 외면하는 것은 문학 작품 해석의 결정적인 오류를 가져올 수 있기 때문이다. 이런 한계로 인해 구조주의는 문학의 객관적이고 과학적인 해명이라는 의의에도 불구하고 탈구조주의 비평에게 그 자리를 내주고 만다.

6. 탈구조주의비평

1) 탈구조주의비평 개관

탈구조주의비평은 1960년대 후반 구조주의비평의 한계를 비판하면서 등장했다. 구조주의가 지시대상인 현실로부터 언어를 분리시키면서 기표와 기의의 관계에 초점을 두었다면, 탈구조주의는 기의란 하나의 기표에 부착되어 있는 의미로 존재할 수 없고 기표들의 무한한 운동과 놀이가 의미를 생성한다고 보는 점에서 차이를 지닌다. 예를 들어 '사과'라는 의미(기호)는 사과라는 소리(기표)와 사과라는 개념(기의)의 결합으로 이루어졌다고 보는 것이 구조주의라면, 탈구조주의는 사과라는 기의는 고정된 기의가 아니라 다른 여러 기호들이 역동적으로 운동하는 속에서 나타나므로 유동적인 속성을 띤다고 보는 것이다. 즉 사과라는 기의는 과일, 열매, 빨간색, 맛 등의 수많은 기호들이 의미작용을 일으킨 결과로서 나타날 수 있다는 것이다.

이러한 탈구조주의의 문제의식은 구조주의의 문제점을 비판하는 가운데 형성된 것으로, 탈구조주의(post－structualism)의 탈(post－)는 구조주의를 계승했다는 연속성의 측면과 구조주의를 비판적으로 극복했다는 의미를 동시에 포함하고 있어 문제적이다. 이러한 탈구조주의의 특성을 구조주의와 비교해서 설명하면 다음과 같은 특징적인 양상으로 정리할 수 있다. 첫째, 구조주의가 전체적인 구조만 중시하고 개별적인 작품을 전체 구조에 종속시켜 버리는 것을 비판함으로써 구조보다는 개별적 작품들의 의미와 특수성을 중요하게 평가하고, 둘째, 객관적이고 과학적인 연구를 지향하는 구조주의가 보편적인 법칙을 찾아내어 이를 규격화하고 조직화하는 데서 경직성을 드러낸 점을 극복하고자 했으며, 셋째, 역사나 현실에서 비롯된 경험적인 리얼리티를 배제하는 태도를 벗어나 역사와 현실의 중요성을 인정하고, 넷째, 모든 것을 객관화시켜 전체의 구조를 탐색하다보니 개인이나 주체 혹은 자아의 사유나 태도를 인정하지 않으려는 태도를 비판하고 있으며, 다섯째, 이분법적 사고방식에 갇혀 전후의 맥락에서 전자의 것에 지나치게 특권을 부여하는 태도를 벗어나 절대적인 진리나 중심과 근원의 독법을 거부하고 타자를 수용하고 포용하는 방법을 추구하고, 여섯째, 언어가 의미를 재현할 수 있다는 확고한 믿음에 균열을 내고 모든 것을 기호체계 또는 언어체계로 설명할 수 있다는 것을 불신하고 인정하지 않는 태도를 지녔다.

하지만 구조주의와 탈구조주의의 이러한 차이에도 불구하고 근본적으로 언어를 인간의 모든 행위 가운데 가장 핵심적인 것으로 파악한다는 점에서는 상당한 유사성을 보인다. 즉 탈구조주의비평은 구조주의 이론의 발전 과정에서 구조주의가 지닌 한계를 보완하려는 움직임으로 파악될 수도 있다는 점에서 연속성의 측면도 다분히 지니고 있는 것이다. 탈구조주의비평 이론가들 상당수가 구조주의비평으로부터 출발하고 있다는 점도 바로 이런 이유 때문인데, 롤랑 바르트, 자끄 데리다, 미셸 푸코의 이론이 그 대표적인 비평에 해당한다.

2) 롤랑 바르트 : 양파 모델과 텍스트

롤랑 바르트는 구조주의에서 출발하여 탈구조주의로 심화 발전한 대표적인 비평가이다. 그는 구조주의적 방법이 모든 사회 문화적 요소들의 기호체계를 분석하는 의미 있는 규범이 될 수 있다고 믿었으나, 『저자의 죽음』(1968), 『S/Z』(1970), 『텍스트의 즐거움』(1973)과 같은 후기 저작들에서는 이러한 믿음에 의심을 갖고 탈구조주의적 인식의 전환을 보였다. 즉 모든 기표를 기의의 차원에서 구조화함으로써 텍스트의 의미를 고정된 것으로 파악했던 것과는 달리, 텍스트는 기의의 차원에서 획일적으로 규정될 수 있는 고정적인 것이 아니라 수많은 기표들의 무한한 운동과 놀이에 의해서 그 의미는 끊임없이 미결정 상태로 다원화된다고 본 것이다. 이러한 그의 생각은 '양파 모델'과 '살구 모델'의 대조를 통해 선명하게 부각된다.

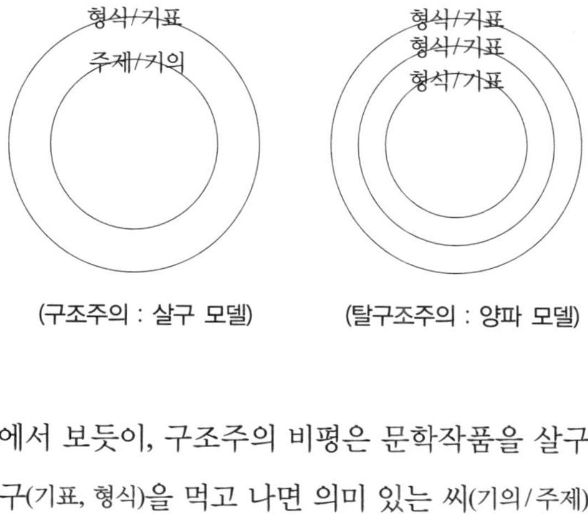

(구조주의 : 살구 모델)　　　(탈구조주의 : 양파 모델)

위 그림에서 보듯이, 구조주의 비평은 문학작품을 살구에 빗대어 맛있는 살구(기표, 형식)을 먹고 나면 의미 있는 씨(기의/주제)가 남는다고 생각했으나, 실제로는 기표/형식을 벗겨내면 의미 있는 씨(기의/주제)가 나오는 것이 아니라 양파처럼 계속 또 다른 기표/형식만이 나올 뿐이라는 것이다. 따라서 모든 대상의 의미나 주제는 해석의 차원에서 얻어지는 일종의 환영적인 개념일 뿐 고정적인 의미가 될 수 없다는 점에서, 하나의 구조나 해석으로 작품을 환원시키는 구조주의를 포함한 모든 전통적 비평을 반박하고 있다.

> 텍스트는 직물을 뜻한다. 그런데 지금까지 사람들은 이 작품을 하나의 완결된 산물, 그 뒤에 의미나 진리가 감추어져 있는 하나의 베일로 간주했다. 이제 우리는 이 직물에서 그 끊임없는 짜임을 통해 텍스트를 만들어 가는 생성적인 개념을 강조하고자 한다. 이 직물(짜임새) 안에 잠긴 주체는 거미줄을 만드는 분비액을 토해 내며 약해지는 한 마리 거미와도 같이 자신을 해체한다. 우리가 신조어 사용을 좋아한다면 우리는 텍스트론을 거미학이라고 정의할 수 있을 것이다.[20]

인용문에서 바르트는 텍스트는 기표들의 무한한 짜임 혹은 짜임새 안에서 새로운 의미와 주체를 생산해 내는 역동성을 지니고 있음을 강조한다. 문학작품은 더 이상 안정적인 대상이나 경계선이 명확하게 그어진 구조물이 아니므로 무엇을 지칭하는 구조물이 될 수 없다는 것이다. 비유컨대 거미가 거미줄을 만들어내는 분비액으로 자신을 끊임없이 해체하면서 또 다른 거미줄의 짜임을 만들어내는 것처럼, 문학 텍스트는 다른 텍스트들과의 관계를 통해 끊임없이 새로운 텍스트를 생성해낸다는 것이다. 이 때 비평가는 문학작품을 분해하고 소비자가 아닌 새로운 의미를 생산하는 생산자의 위치에 있다고 할 수 있다. 이런 점에서 바르트는 구조주의 비평에서 텍스트(text)를 작품(work)과 동일시했던 것과는 달리 텍스트와 작품을 구분해서 사용한다. 즉 작품은 구조주의적 완결성을 지닌 고정된 의미의 기초 체계를 지닌 대상이라고 보았다면, 텍스트는 기의가 아닌 기표들이 무한히

20) 롤랑 바르트, 김명복 옮김, 『텍스트의 즐거움』, 연세대학교출판부, 1990, 69쪽.

움직이는 데서 그 의미가 미결정 상태에 놓여 있는, 그래서 하나의 의미로 고정될 수 없는 유동성을 지닌 것이라고 본 것이다.

3) 자끄 데리다 : '차연'의 해체주의

자끄 데리다는 구조주의 비평가들이 말하는 '구조'나 '기호'라는 개념은 의미의 중심이 존재한다고 믿는 데서 출발하지만, 실제로는 이러한 의미의 중심이나 절대적 진리는 일종의 환상에 불과하다고 비판했다. 즉 그는 언어(기호)의 의미(기의)는 고정적으로 동일하게 결정되어 있는 것이 아니라 다른 언어들과의 '차이'에 의해서 의미 결정을 미루고 '연기'된다고 보았다. 즉 의미는 공간적으로 차이를 드러내면서 시간적으로는 연기되는 '차연(差延)'의 특성을 지닌다는 것이다.

> 차연은 현존/부재의 대립에 의해서는 설명할 수 없는 구조이자 동향이다. 차연은 요소가 상호 연관되어 있는 차이점, 차이점의 추적, 공간화의 체계적인 작용이다. 이같은 공간화는 능동적인 동시에 수동적인, 즉 아직은 능동과 수동의 대립에 의해 통제되고 결정될 수 없는 미결정을 나타낸다. 그리고 간격을 만들어내는 것, 즉 그것 없이는 어휘가 완전하게 지칭할 수도 없고 작용할 수도 없는 간격을 만들어내는 것을 의미한다.[21]

데리다는 차이(차연)가 동일성보다 중요하다고 봄으로써 동일성을 중요시해온 철학적 견해를 부정했다. 또한 모든 의미를 이원 대립적으로 설명해온 그동안의 주장에 대해서도 비판적인 입장을 보였다.

---

21) 김성곤, 「탈구조주의의 문학적 의의와 전망」, 김성곤 편, 『탈구조주의의 이해 데리다, 푸코, 사이드의 문학이론』, 민음사, 1990, 19~20쪽.

이러한 그의 주장은 플라톤 이래 서구 철학의 형이상학적 전통을 해체하는 데 궁극적인 목적이 있다. 그는 자연과 문화, 정신과 육체, 이성과 감성, 주관과 객관 등 서구 철학의 전통인 이항대립의 의미 체계를 전복시키는 데서 새로운 인식을 발견하려 했다. 또한 모든 사상, 언어, 경험의 토대가 되는 어떤 궁극적인 의미와 본질 혹은 진리의 세계가 있다는 견고한 믿음을 해체하는 데서 새로운 의미를 생산해낼 수 있다고 보았다. 의미를 생성시키면서 동시에 그 의미를 소멸시키는 것, 곧 하나의 의미가 곧바로 흔적이 되어 버림으로써, 기호는 부재하는 대상의 대체물이 되어 다른 기호와 관련을 맺으면서 현존하는 기호로서의 의미를 연기시킨다고 본 것이다.

4) 미셸 푸코 : 지식과 권력

미셸 푸코는 언어학에 토대를 두고 의미 작용에 관심을 기울이는 구조주의와 탈구조주의와는 달리, 역사를 텍스트로 삼아 이를 어떻게 이해하고 분석하여 서술할 것인가에 대한 방법론을 정립하는 데 주력했다. 즉 데리다의 차연이라는 개념이 텍스트에 내재되어 있는 사물들의 차이성에 초점을 두었다면, 푸코는 이러한 언어가 실제로 구현되는 담론적 상황에 주목하여 그것이 지식과 권력의 형성에 어떠한 영향을 미치는지, 즉 지식인과 사회의 관계를 고찰하는 데 초점을 두었다. 그는 지식인의 글쓰기 행위는 권력적 언술 행위이므로 텍스트 자체만을 분석 대상으로 삼는 데리다의 논리로는 그것을 올바르게 파악해내는 데 한계가 있다고 보았다. 따라서 역사와 현실 속에서 일어나는 모든 말과 행동을 '담론(discourse)'적 실천으로 보고, 이러한 담론적 실천에 동참하는 작가는 단순히 글을 쓰는 사람이 아니라 정치적이고 사회적인 존재가 된다고 주장했다. 여기에서 담론적 실천이란 언어가 어떤 법칙성(랑그)으로 환원되는 구심력과 함께 그것에서 벗어나려는 원심력도 지니고 있음을 주목하여 언어의 의미를 실천적인 측면에서 규명하려는 것이다. 즉 빠롤은 랑그의 실현인 동시에 원심력의 측면을 반영한 것이기 때문에 사회와 이데올로기의 맥락 안에서 나타난다고 보는 것이다.

이처럼 푸코는 담론을 통해 권력에 의해 도구화되고 권력과 결탁해 온 지식 체계가 어떻게 인간 개인을 억압하고 구속해 왔는지를 비판적으로 논의하였다. 그는 「저자란 무엇인가」에서 텍스트 속의 담론적 힘이나 특정한 의미 부여를 통해 저자가 독자들을 어떻게 억압하고 있는지를 규명함으로써, 지식과 권력의 부정적 관계 양상에 대한 비판적 성찰을 이끌어냈다. 즉 우리 사회의 규범과 보편적 체계로 군림하는 지식의 상당수가 당대의 지배 이데올로기와 결탁하여 이를 합법화하고 정당화하는 권력적 언술로 작용하는 담론적 힘을 행사하고 있음을 비판하는 것이다. 다시 말해 지식은 권력을 생산하고 권력은 지식을 통해 또 다른 권력을 형성함으로써 그 권력에 의해 유포된 언술 행위가 또 다른 지식이 되는 담합이 발생한다고 보는 것이다.

이러한 지식과 권력의 담합 관계를 분석하는 데 있어서 푸코가 가장 주목하는 문제는 '억압'의 메커니즘이었다. 즉 권력과 결탁된 지식이 개인을 억압해 온 역사 전반에 대한 검토를 통해, 이러한 억압이 자행되는 병원, 학교, 감옥, 정부와 같은 제도가 어떻게 권력화되어 억압을 자행했는가를 집중적으로 논의했다. 이를 위해 그는 『감시와 처벌 감옥의 역사』에서 '원형감옥(panopticon)'을 예로 들어 설명했다. 원형감옥은 공리주의 철학자 밴담(J. Bantham)이 고안해낸 감옥 모델로, 주위는 원형 건물이 에워싸고 중심에 탑이 하나 있는 구조이다. 탑에는 원형 건물의 안쪽으로 향해 있는 여러 개의 큰 창문이 있고, 주위의 건물은 여러 개로 나누어진 독방들로 이루어져 있는데, 이 독방에는 중앙의 탑에서 관찰할 수 있는 창문이 있어 탑의 감시자가 1인만 있어도 전체 독방의 일거수일투족을 감시할 수 있다. 이것은 독방의 모든 수감자들이 실제로 감시자에 의해 감시를 받든 안 받든 간에 자신이 항상 감시를 받고 있다는 생각을 갖게 한다. 이런 점에서 원형감옥은 권력의 메커니즘을 가장 이상적인 형태로 구현해 낸 것이라고 할 수 있는데, 개별적인 인간들을 원형감옥의 독방에 갇힌 존재들과 같이 감시하고 통제하려는 권력적 체계를 실현하는 데 가장 적합한 구조인 것이다. 푸코는 이러한 원형감옥의 구조를 통해 지식과 권력이 작동하는 사회의 구조를 설명한다. 즉 인간은 누구도 권력과 지식의 담합이 만들어낸 지배담론의 감옥으로부터 자유로울 수 없다는 사실을 권력과 지식의 억압적 구조를 통해 비판적으로 분석해내고자 했다.

5) 탈구조주의비평의 의의와 한계

탈구조주의비평은 구조주의와 해체주의는 물론이거니와 정치적이고 사회적인 비평 이론, 그리고 정신분석비평에 이르기까지 광범위하게 걸쳐 있는 매우 복합적이고 다원적인 비평이다. 따라서 탈구조주의 비평을 일정한 하나의 이론으로 일목요연하게 설명한다는 것은 사실상 불가능하다. 다만 중심화되고 특권화된 모든 제도와 담론들을 비판적으로 성찰함으로써 중심 담론으로부터 소외되고 배제되어 온 주변부적 담론들을 중심에 놓고 논의하려 시도했다는 점에서 의의가 있다. 즉 중심의 권력이 제도화 해온 모든 지식은 지배담론을 공고히 하려는 전략적 산물이라는 점에서 상대적인 것으로 받아들여야지 그것을 절대적인 것으로 평가해서는 안 된다는 데 핵심이 있다.

탈구조주의비평은 그 자체가 어떤 하나의 의미나 이론에서부터 벗어나 시공을 초월한 자유스러운 운동을 강조한다. 즉 어떤 것이 무엇을 의미하거나 강요되는 것을 거부하기 때문에, 스스로에 대해서도 의미를 찾거나 정의를 내리는 시도를 거부하는 것이다. 이러한 비평적 태도는 서구의 이성 중심주의를 넘어서 문학비평의 새로운 장을 열었다고 할 수 있다. 모든 절대적 의미의 안정된 근원을 교란시키고 해석의 불가능함을 시사하며 결론을 유보시킴으로써, 의미들 사이의 차이를 인식하고 불확실성을 포용하며 지배담론으로부터 소외된 타자의 담론을 적극적으로 수용한다. 하지만 이러한 부정적 의식과 태도는 부정을 위한 부정이 되거나 현실의 변화나 사회적 변혁을 가로막는 또 다른 보수적 담론이 될 우려가 있음을 반드시 경계해야 한다. 기호의 완전한 재현 가능성과 절대적 의미의 현존을 믿지 않음으로써 결국 현실에 대한 미래적 전망을 분명하게 제시하지 못하는 한계를 지니고 있음을 간과해서는 안 되는 것이다.

7. 심리주의 및 정신분석비평

1) 심리주의 및 정신분석비평 개관

문학작품은 인간의 심리, 특히 욕망이 작가에 의해서나 작품 속 인물에 의해서 구체적으로 실현되기 마련이다. 인간은 무수한 욕망을 갖는 존재이고, 그것을 달성하기 위한 다양한 노력들이 말과 행동을 통해 구체화된 양상 가운데 한 가지가 바로 문학작품이므로, 이러한 인간의 심리와 욕망을 파악한다는 것은 문학작품의 본질을 이해하는 중요한 통로가 될 수 있다. 이를 위해 문학 연구는 심리학과 정신분석학을 원용하여 문학작품 속에 담긴 작가와 독자 그리고 작중 인물들의 심리와 정신을 분석하는 중요한 방법론으로 삼는다. 특히 정신분석비평은 프로이트의 정신분석학을 문학작품의 해석에 적용한 것으로 시작되었는데, 인간의 무의식적 기제가 발현된 꿈을 분석하여 인간의 욕망과 마음의 상태를 설명하고 있다.

물론 인간의 심리에 대한 관심은 프로이트 이전부터 있어 왔다. 아리스토텔레스의『시학』에서 '연민과 공포를 통한 카타르시스'의 개념은 비극의 효과를 통해 인간의 심리가 예술과 어떻게 관련을 맺는지를 잘 보여주었다. 효용론적 문학관의 두 가지 기능인 쾌락과 즐거움은 수용자로서의 독자가 문학과 예술을 대하는 심리적 기능을 명료하게 정리한 것이란 점에서 예술과 심리의 관계는 아주 밀접한 연관성을 지니고 있는 것이다. 이처럼 문학은 인간의 정신적 산물이므로 인간의 외적 행위와 내적인 심리현상은 불가피하게 작품에 반영될 수밖에 없다. 따라서 문학비평에 심리학과 정신분석학을 적용함으로써 작품을 창작하는 과정에서 작가의 내면에 동기로 작용한 창작 심리, 문학작품 속에서 여러 인물들의 말과 행동을 통해 발견되는 작품 심리, 문학작품을 수용하는 독자가 작품을 통해 형성하게 되는 독자 심리 등을 이해할 수 있다.

2) 심리주의비평

① 작가 심리 연구

작가 심리 연구는 창작의 주체인 작가에 대해 심리학적으로 고찰하는 것이다. 작가의 개인적 체험들은 변형된 모습으로 문학작품에 반영되어 나타나는데, 작가의 체험과 개성이 그의 문체, 주제의 선택, 인물 혹은 성격 묘사를 어떻게 진행시키는지, 무엇이 작가로 하여금 특정한 작품을 창작하도록 자극하였으며 그 원인이 무엇인지를 밝혀내는 데 초점을 둔다. 이러한 방법론은 작가의 전기적 사실들과의 상관관계나 영향 관계를 탐색하는 것과 관련되어 있어서 역사전기비평과 공통점을 지니고 있기도 하다. 또한 작가의 내면이 외적으로 발화된 것이 예술이라는 표현론적 관점에 입각해 있으므로 작가의 개성이나 상상력의 진실성을 주목하는 낭만주의 문학관에도 맞닿아 있다. 프로이트는 이러한 작가 심리에 주목하여 예술작품이란 그것을 만든 사람의 무의식적인 욕망의 내밀한 실현이라고 보고, 작가의 무의식적 욕망과 이것이 실현된 구체적 양상으로서의 작품의 의미를 밝혀내는 데 핵심을 두었다.

② 작품 심리 연구

작품 심리 연구는 문학 작품 속 작중인물이 왜 그런 행위를 하게 되었는지 그 인물의 복잡한 심리에 대하여 흥미를 갖는 것이다. 즉 작품과 연관된 모든 외적 요소에 대한 고려를 배제하고 순수하게 작품 그 자체만을 대상으로 삼아 그 속에 나타난 심리현상이나 혹은 등장인물들의 심리적 특징들을 규명하는 것이다. 이런 관점에서 프로이트는 작품에 등장하는 주인공의 무의식 속에 잠재한 억압 충동, 꿈과 현실과의 이중적 모호성을 정신분석학적으로 설명했다.

③ 독자 심리 연구

독자 심리 연구는 작품에 담긴 의미를 해석하고 가치를 평가하고 미적 쾌락을 향유하는 독자에 대한 연구이다. 즉 작품이 독자에게 주는 영향을 심리학적인 관점에서 관찰하고, 이러한 독자의 심리가 작가의 의도와 어떻게 관련되는가를 분석하는 것이다. 독자 심리 연구는 수용미학과 독자반응비평으로 이어져 문학 작품과 독자 사이의 교감에 주목함으로써 독자의 능동적 역할과 위치를 강조하는 것으로 심화 발전해 갔다. 또한 이러한 독자의 심리는 특정한 시대로부터도 많은 영향을 받으므로 사회문화비평의 관심과도 겹치는 부분이 있을 수 있다. 앞으로 독자 심리 연구는 여러 비평들과의 교섭 속에서 상당한 발전이 있을 것으로 보인다. 그만큼 현대 비평은 작가의 영역에서 독자의 영역으로 그 중심이 옮겨 가면서, 텍스트를 생산한 작가에 의해서가 아닌 독자에 의해서 재생산된 텍스트의 열린 가능성을 더욱 주목하고 있는 것이다.

3) 프로이트(Sigmund Freud)의 정신분석학

① 의식과 무의식

프로이트는 인간의 정신구조를 의식(意識), 무의식(無意識), 전의식(前意識)으로 나누고, 인간의 대부분의 행동이 무의식에 의해서 이루어진다고 주장했다. 여기에서 의식은 우리가 알거나 느낄 수 있는 모든 경험과 감각을 의미하고, 전의식은 의식의 이면에 저장되어 있는 경험적 요소를 말하며, 무의식은 전의식의 체계 밖에 있는 모든 것으로 어떤 방해 작용(억압)으로 인하여 기억으로 떠올릴 수 없는 원초적인 부분을 의미한다. 무의식은 대부분의 인간이 지닌 윤리, 도덕적 기준에 부합하지 않는 본능적 특성에 해당한다. 프로이트에 의하면, 인간의 행동은 우연히 일어나는 것이 아니며, 행동에 선행하는 무엇인가가 있기 때문이라는 심적 결정론의 원리에 입각해 있는데, 이러한 무의식이 발현되는 대표적인 양상으로 '꿈'을 분석한다. 꿈의 내용은 과거에 있었던 체험이 상징의 형태로 나타나는 것으로, 무의식의 세계가 인간의 행동을 실질적으로 지배하는 것을 가장 상징적으로 보여주는 예라고 보는 것이다.

프로이트는 꿈을 억압된 욕망의 위장된 충족을 드러내는 장치와 같은 역할을 하는 것으로 보았다. 그는 정신 질환이나 신경증 치료의 방법으로 꿈을 임상적으로 분석했는데, 꿈을 꾼다는 것은 무의식적 충동에 의해 일어나는 것으로 깨어 있을 때는 충족시킬 수 없는 것을 충족시키고자 하는 무의식적 욕망의 산물이라고 했다. 또한 꿈의 분석에 있어서 그것의 내용 못지않게 형식적인 측면도 중요하게 생각했는데, 꿈의 원재료가 어떻게 어떤 경로를 거쳐 언어적 텍스트로 표상되는가에 관심을 기울였다. 이것을 '꿈의 작업(dream - work)'이라고 불렀다. 이것은 무의식과 전의식 사이에서 검열과 변형을 거치게 되는데, '압축(condensation)'과 '전이(displacement)'의 과정이 그 대표적인 양상이다. 압축은 두 개 혹은 그 이상의 꿈의 내용을 하나의 복합적 이미지로 축약하려는 시도이고, 전이는 어떤 무의식적 욕망이 꿈으로 나타날 때 연상 작용에 의해 원래의 모습과는 전혀 다른 형태로 변신하거나 자리바꿈하는 것을 의미한다. 이 때 변신과 자리바꿈은 어떤 강렬한 무의식적 내용이 그것에 비해 강도가 약하거나 사소한 이미지로 위장하는 양상을 드러낸다.

② 인간의 성격 구조

프로이트는 인간의 성격 구조를 이드(Id), 자아(Ego), 초자아(Super - ego)로 나누었다. 첫째, 이드는 성격의 본능적 충동에 해당하는 것으로, 삶의 본능(eros)과 죽음의 본능(thanatos)으로 구분된다. 특히 삶의 본능 가운데 인간의 성격 발달에 가장 큰 영향력을 행사하는 성 본능을 리비도(Libido)라고 했다. 이드의 유일한 목표는 쾌락원칙(pleasure principle)에 따라 자기만족과 향락을 추구하는 데 있어 그 표현은 동물적이고 충동적인 양상을 드러낸다. 둘째, 에고는 성격의 조직적, 합리적, 현실 지향적 체계를 이루는 것으로, 이드의 맹목적 충동과 초자아의 도덕적 억압을 중재하는 역할을 담당한다. 현실원칙(reality principle)에 따라 욕구와 충동을 해소할 실제 대상을 발견하기까지 욕구와 충동을 조절하고 유보하는 양상을 보인다. 슈퍼에고는 양심과 도덕적 판단, 이성에 근거하여 성립하는 인격적 측면으로서 사회 차원의 생활을 영위하고 유지하는 데 필수적인 요소로서의 기능을 한다. 도덕원칙(morality principle)에 따라 현실의 쾌락이나 폭력보다는 양심과 도덕이라는 이상적인 측면을 추구하도록 한다.

대체로 정신적으로 건강한 사람은 이 세 가지가 조화롭게 작용한다. 즉 사람들은 이드에서 발현된 본능적 쾌락에 따라 성적 충동이 일어나고 이를 충족시키기 위해 맹목적인 태도를 드러내는데, 이 때 에고가 작동하여 현실원칙으로 이드를 조절함으로써 이성적인 상태로 변화시킨다. 그리고 이성적인 상태의 슈퍼에고는 도덕 원칙에 의해 성적인 것을 추구하는 자아를 억압하고 통제함으로써 질서를 유지하도록 하는 것이다. 이처럼 프로이트는 인간의 모든 정신 현상을 리비도의 변화와 발전으로 해석함으로써, 이드와 에고 그리고 슈퍼에고가 조화를 이룰 때 원만한 생활을 이루어 나갈 수 있는 반면, 부조화의 상태에서는 현실에 잘 적응할 수 없다고 보았다. 또한 프로이트는 리비도가 본능보다 높은 차원의 목표를 지향하는 과정을 '승화(sublimation)'라고 개념화했는데, 예술, 문학의 생산 과정은 바로 이러한 '승화'의 과정에서 이루어진 결과라고 했다.

③ 심리적 방어기제

심리적 방어기제는 개인이 자신을 방어하기 위해 심리적으로 취하는 적응 방법이다. 여기에서 방어는 무의식적 욕망을 감싸는 것, 즉 억압된 것들을 억압된 채로 유지시킴으로써 우리가 알게 되면 감당할 수 없는 것들을 알지 못하도록 만드는 과정을 말한다. 이러한 방어기제는 무의식적으로 발생하고, 개인이 현실을 왜곡하여 지각하게 함으로써 현실에서의 불안감을 줄이거나 회피하는 기능을 한다. 감당할 수 있을 법한 것만 보고 들으려 하는 선택적 자각과, 기억에 압도되지 않도록 기억을 수정하거나 고통스러운 사건들을 완전히 망각하고자 하는 선택적 기억은 심리적 왜곡이 일어나는 대표적인 방어기제이다.

㉠ 억압(repression)

자신이 원하지 않는 생각이나 충동이 의식에 떠오르는 것을 강하고 직설적인 방법으로 회피하여 막는 방어기제이다. 이를 통해 인간은 불안을 유발하는 갈등을 스스로 의식하지 못하며 충격적인 과거의 기억도 지워버린다. 물론 이러한 억압은 반드시 그 대가를 치르게 마련인데, 억압을 유지하는 데 너무 많은 에너지를 사용한 나머지 진정으로 생산적이고 건설적인 것에 쏟아야 할 에너지의 양이 현저하게 줄어드는 역효과가 나타난다. 이러한 억압이 아무리 강하게 행해지더라도 억압된 내용은 실수나 농담 등을 통해 표출되거나 심한 경우에는 신경증적 증상이나 신체의 장애를 일으키기도 한다.

㉡ 전위(displacement)

본능적 욕구나 충동의 표현을 재조정해서 위협을 많이 주는 사람이나 대상이 위협을 덜 주는 대상이나 사람에게 그 에너지를 분출하는 것을 말한다. 즉 두려움, 상처, 절망, 분노 등의 원인이 되었던 사람보다는 덜 위협적인 인물 또는 그런 대상에 그런 감정들을 풀어 버리려 하는 것으로, 예를 들어 자식이 없는 부부가 애완동물을 귀여워하는 행위나 선생님에게 야단을 맞은 아이가 다른 친구에게 화풀이를 하는 경우 등이 해당한다. 이러한 전위의 양상은 자기 자신에게 가해지는 경우도 있는데, 우울증이나 자기 파괴적인 행동 등의 이상 증세를 보인다.

ⓒ 승화(sublimation)

전위의 일종으로, 무의식적 성욕이나 공격성 등이 예술 활동이나 학문, 직업, 종교 활동 등과 같이 사회적으로 인정되는 행위로 전환될 때 나타나는 심리 기제이다. 즉 리비도를 성적인 목표로부터 스포츠, 사회 활동, 취미 생활 등으로 옮기는 전위의 긍정적 측면을 의미한다. 프로이트에 의하면, 예술이라는 것은 독특한 방법으로 이드의 쾌락 원칙과 자아의 현실원칙을 통합한 것이다. 흔히 예술가들은 현실이 자신들의 욕망을 충족시켜 주지 않기 때문에 현실과 거리를 두고 있는 경우가 많은데, 이러한 실현되지 않는 욕망, 즉 성욕이나 세속적 욕망 등을 공상을 통해 대리 실현하려 한다. 이때 공상을 특별한 예술적 재능에 의해 현실 세계와 아주 흡사한 새로운 현실로 창조해내는데, 이러한 예술 창조의 과정을 통해 억압된 욕망을 현실에서 대리적으로 충족시키는 것이다.

ⓓ 투사(projection)

불안과 고통의 원인이 자기 자신에게 있음에도 불구하고 그것을 인정하지 않고 무의식적으로 외부 대상에게 책임을 전가시킴으로써 자신을 방어하는 방법이다. 자신이 미워하는 아이가 거꾸로 자신을 미워한다고 믿거나, 지각한 아이가 날씨나 교통 혼잡을 탓으로 여기는 태도 등이 해당한다.

ⓜ 합리화(retionalization)

부정적인 행동이나 실패를 정당화함으로써 자기만족을 얻으려는 것으로, 연애에 실패한 사람이 상대방의 성격적 결함을 논한다거나, 이해관계를 목적으로 기부를 한 사람이 사랑과 자비 등의 종교적 명분을 내세우는 등의 태도를 말한다.

ⓑ 고착(fixation)

심리적 발달이 특정 단계에서 멈추는 경우로 불안에 대처하려는 방어기제에 해당한다. 즉 불안과 두려움 등의 이유로 앞으로 나아가기보다는 현실에 안주하려는 심리가 발동하는 것이다.

ⓢ 퇴행(regression)

심리적 발달이 멈추는 경우 고착적 행동을 하는 사람이 있는 반면, 이전의 행복했던 과거로 되돌아가서 현재의 불안을 해소하려는 것을 의미한다. 즉 일시적으로 이전의 심리 상태로 귀환하는 것, 현재의 어려움을 대면하지 못하도록 생각을 다른 데로 돌려버리는 것, 그래서 억압된 경험과 감정들을 인정하고 대처할 능동적 역전의 기회를 동반하는 심리 기제이다.

ⓞ 반동형성(reaction formation)

자신의 욕망과 반대되는 행동을 함으로써 금지된 본능적 욕망이나 충동이 외부로 노출되지 않도록 자신을 방어하는 방법이다. 대체로 반동형성은 강박적이고 과장되고 엄격한 특징을 가진 행동에서 잘 드러나는데, 사회의 윤리 타락을 격렬하게 비판하는 경향, 강렬한 욕망의 대상을 오히려 두렵다고 여기는 표현, 자식들에 대한 감정을 숨기기 위해 더욱 애착하는 부모의 과잉 애정 등이 해당된다. 이것은 본질적으로 자신의 욕망과 반대되는 행동이므로 의도하지 않은 상황에서 숨은 욕망이 격렬하게 표출되는 양상을 노출하기도 한다.

㉧ 동일시(identification)

자기 자신이 좋아하는 개인이나 집단을 모방함으로써 나타나는 동조 심리이다. 이 경우에는 동일시의 대상을 점점 닮아가는 경향이 뚜렷하다. 예를 들어 영웅 숭배 현상이나 카리스마 있는 지도자를 선망하거나 맹신하는 경우가 있다.

㉨ 양가감정(ambivalence)

서로 상반되는 감정이 동시에 같은 정도의 강도로 존재하는 심리이다. 일반적으로 어떤 대상이나 사람에 대해 인간이 갖는 부정적인 감정들을 억압하면서, 그 대신 긍정적 감정만을 겉으로 표출하는 두 개의 감정이 공존하는 것을 의미한다. 친구를 좋아하면서도 그 친구가 너무 잘 나가는 것을 싫어하거나 경계하는 것과 같은 모순된 심리 기제에 해당한다.

④ 인격 형성과정

프로이트에 의하면 인간의 인격은 일정한 발달 단계에 맞춰 형성되는데, 이러한 인격 형성의 발달 과정을 심리적 성욕의 발달 과정과 연결지어 5단계로 나누어 설명한다. 이때 5단계의 구분은 각각 리비도가 신체의 성감대, 즉 입, 항문, 남근 가운데 어느 부위에 집중하느냐에 따라 결정된다고 보고, 구강기, 항문기, 남근기, 잠복기, 성기기로 구분하였다.

㉠ 구강기(oral stage : 생후 1년)

리비도가 입과 입술, 구강 점막에 집중되어 있는 시기이다. 유년기에 구강을 통하여 적절한 자극과 쾌락을 경험하지 못했을 경우, 즉 식욕을 적절한 수준으로 충족하지 못했다던가, 어머니의 애정을 충분히 받지 못한 경우에는 흔히 말하는 바 구강기적 성격, 즉 돈, 명예, 사랑, 음식 등의 소유에 지나치게 집착하는 경향을 보이는 경우가 많다.

㉡ 항문기(anal stage ; 2～3세)

리비도가 항문에 집중하는 시기이다. 어린아이들은 이 시기에 괄약근을 통제할 수 있는 능력을 갖는데, 소화된 음식 찌꺼기를 모아 두는 과정을 통하여 긴장을 느끼고, 이를 항문을 통해 배설하는 과정을 통하여 그 긴장을 해소하는 쾌감을 느끼게 된다. 부모로부터 배변 훈련을 받으면서 동시에 긴장 해소의 욕구를 조절하는 사회적 규제를 경험하기도 한다.

㉢ 남근기(phallic stage : 4～5세)

리비도가 성기에 집중되는 시기이다. 이 시기의 남자 아이들은 어머니를 사랑하면서 아버지와 경쟁관계에 놓이게 되고, 여자 아이들은 아버지를 이성의 대상으로 사랑하면서 어머니와 경쟁관계에 놓이게 된다. 남자 아이가 자기의 아버지가 자기를 해치거나 성기를 잘라

버릴 것이라는 거세 불안의 공포심을 갖는 심리인 오이디푸스 콤플렉스(oidipous complex)와 여자 아이가 자기에게 음경이 없음을 알고 남근 선망을 갖거나 그 원인이 어머니의 잘못 때문이라고 원망하는 심리인 엘렉트라 콤플렉스(electra complex)가 있다.

㉣ 잠복기(latent stage : 6~7세)

리비도가 신체의 각 부위로 퍼져 잠재하는 시기이다. 성적인 수면 상태에 빠져 있는 리비도가 성적이지 않은 행동, 곧 지적인 관심, 운동, 우정 등 외부적 세계에 대한 관심으로 전위(轉位)되어 나타난다. 이 시기부터 사춘기까지는 성적 충동이나 공격 충동이 약화된 상태가 되는데, 자기애가 이성애로 전환되는 시기이기도 하다.

㉤ 성기기(Genital stage : 사춘기~죽을 때까지)

잠복되어 있던 리비도가 성기에 집중되는 단계이다. 생물학적 욕구 조절을 통한 이상적인 인격형성 시기에 해당한다.

4) 칼 융(Carl Gustav Jung)의 분석심리학 및 신화원형비평

융은 프로이트와 마찬가지로 인간의 정신 구조를 의식, 전의식, 무의식으로 나누었지만, 프로이트와는 달리 무의식을 개인무의식과 집단무의식으로 더 세분화했다는 점에서 차이가 있다. 개인무의식은 처음에는 의식적이지만 습관에 따라 잊혀지고 억압되어 잠재의식으로 지각되는 모든 종류의 무의식을 일컫는다. 반면 집단무의식은 인간의 자아에 개인적인 요소를 포함하지 않고 모든 개인의 두뇌 구조 속에 보편적으로 나타나는 인류 진화의 전체적인 정신적 유산을 의미한다. 이러한 집단무의식의 구조적 요소로서 보편적이고 집단적인 이미지를 '원형(archetype)'이라고 한다. 이러한 원형에 대한 연구는 정신분석비평과 신화원형비평의 접점을 형성한다. 심리주의와 정신분석비평이 개인무의식에 중점을 두는 비평 방법론이라면, 신화원형비평은 바로 이러한 집단무의식에 중점을 두는 비평 방법론인 것이다. 프레이저는 『황금 가지』에서 여러 가지 제식(祭式)을 통해서 한 세대에서 다음 세대로 물려주는 사회적 현상을 '신화'라고 부르면서, 신화를 정신 현상의 투사로 보고 인간의 정신 구조에서 원형을 찾고자 했다. 신화원형비평은 신화와 제의 그 자체에 대한 관심보다는 그것들이 예술의 형식으로 어떻게 구현되는가에 관심을 기울인다.

원형은 역사, 문학, 종교, 풍습 등에서 수없이 되풀이 된 이미지로 무의식이 패턴화되어 드러난다는 점에서 반복성과 동일성을 지닌다. 따라서 원형은 많은 작품에서 되풀이되어 나타나며 모든 인간에게 유사한 의미나 반응을 환기시키는데 이를 '원형적 이미지'라고 한다. 예를 들어 '물'은 창조의 신비, 탄생, 죽음, 소생, 정화, 속죄, 풍요, 성장 등의 원형적 이미지를 가지며, 바다는 어머니, 죽음과 재생, 무궁과 영원 등과 같은 원형적 이미지를 지니고 있다. 이처럼 원형은 옛 조상들의 생활 속에서 되풀이되는 체험의 원초적 심상, 정신적 잔해라는 점에서 심층심리학적 접근을 통해 분석해낼 수 있다. 융은 인간 정신을 이루는 원형으로 퍼소나(persona), 아니마(anima), 아니무스(animus), 그림자(shadow)가 있다고 설명했다. 퍼소나는 인간의 외적 인격, 외적 태도로서 외부 세계와 관계를 맺는 자아의 한 측면이고, 아니마와 아니무스는 인간의 내적 인격, 내적 태도로서 인간이 자신의 내부 세계와의 관계를 맺는 자아의 한 측면으로, 아니마는 남성이 내면에 갖고 있는 여성적 측면, 아니무스는 여성이 내면에 갖고 있는 남성적 측면을 의미한다. 마지막으로 그림자는 모든 원형 중에서 가장 강력하고 악마적인 성격을 지닌 것으로, 무의식적 자아의 어두운 측면, 열등하고 즐겁지 않은 자아의 측면을 드러낸다.

5) 자끄 라캉(Jacques Lacan)의 구조주의 정신분석비평

자끄 라깡은 프로이트의 정신분석학을 구조주의 언어학에 대입하여 무의식은 언어처럼 구조화되어 있다는 이론을 전개했다. 그는 정신질환자들을 치료하면서 말은 그 발화의 주체가 하는 것이 아니라 언어의 구조와 체계가 하는 것이라고 보았다. 프로이트가 성(sex)과 관련하여 인격 형성 과정을 설명했다면, 라캉은 언어가 주체의 형성에 결정적 영향을 미친다고 보았다. 따라서 그는 유아의 정신 발달 과정을 상상계(the imagery)와 상징계(the symbolic)로 구분하고, 상상계에서 상징계로 진입하면서 인간은 주체를 형성한다고 보았다.

라캉에 의하면, 어린 아이는 생후 몇 달 동안은 자기 자신과 주변 환경을 모두 일정한 형체가 없는 무작위적이고 파편화된 덩어리로 인식하기 때문에 자기 자신과 주변 환경을 분리시켜 구별하지 못하고, 자신의 신체 부위조차 자신의 것으로 인식하지 못한다. 즉 '자기'라는 감각이 부재하는 상태에 머무르는 것이다. 6~18개월 정도에 이르면 형체 없이 파편화된 덩어리가 아닌 온전한 전체로서의 자기 자신을 알아보는 감각을 발달시키게 되는데, 이 단계가 거울 단계(mirror stage)이다. 이 때 어린 아이는 거울에 비친 자신의 모습을 통해 비로소 자신의 존재를 인식하게 되는데, 자신의 몸이 조각조각으로 분리되어 있다고 생각하다가 거울에 비친 자신의 모습을 보고 통일된 전체로서의 자신의 몸을 자각하게 되는 것이다. 이 시기를 상상계(이미지의 세계)라고 부른다. 그런데 거울단계에서의 아이는 거울에 비친 모습을 곧바로 자기 자신이라고 착각한다. 그래서 내가 바라보는 같은 또래의 아이를 보면 그 아이를 자기 자신이라고 인식하는 혼동을 일으키는 것이다. 이런 이유로 아이들은 옆에서 또래 아이가 울면 자기도 따라 우는 경우를 종종 볼 수 있다. 이런 동일시 혹은 혼동을 라캉은 이자적(二者的) 관계라고 불렀다. 이러한 양상은 어머니와의 관계에서 극명하게 드러나는데, 모태에서 분리된 아이는 어머니의 욕망과 어머니에 대한 자신의 욕망을 일치시키려는 상상을 하는 것이다. 이처럼 상상계는 주체와 타자를 구별하지 못하는 시기이다.

어린 아이는 성장과 더불어 언어를 습득하면서 의미를 만들어내는 상징체계로서의 언어에 대해 이해를 하게 된다. 이때부터 자신이 분리된 존재이고 성별을 가진 존재라는 인식을 갖게 되면서 어머니로부터 분리되어 상징계로 진입한다. 즉 사회제도나 규범 등 세계 속의 온갖 상징적 기호 작용을 인식하면서 살아가게 되는 것이다. 물론 상징계로 진입했다고 해서 거울단계가 완전히 사라지는 것은 아니다. 때로는 잃어버린 욕망의 대상(소타자, 사적 차원)과 자신을 대면시키는, 가령 어린 시절에 먹었던 음식을 통해 유년기로 되돌아가는 듯한 즐거움을 경험하기도 하는 것이다. 하지만 무엇보다도 상상계에서 아이는 아버지로 상징되는 세계로 진입함으로써 자신의 주체성을 형성하고자 하는데, 이 과정에서 어머니의 욕망과 어머니에 대한 자신의 욕망을 일치시키려는 상상계의 시도가 '아버지의 법(the law of the father)'

에 의해 금기시 된다는 것을 깨달으면서 아버지의 이름에 절대적으로 복종하게 된다. 이러한 과정을 통해 오이디푸스 콤플렉스와 거세 불안을 극복하면서 아이는 어머니를 욕망하던 전단계에서 벗어나 아버지를 욕망하는 단계에 이르는 것이다. 이 때의 아버지에 대한 욕망은 남근(phallus), 즉 아버지의 권위를 상징하는 것으로 완전한 권력을 보증하는 상징계의 기호라는 점을 깨닫는 것이다. 따라서 아이는 어머니가 아들을 욕망하는 것이 아니라 남근을 소유한 아버지를 욕망한다는 사실을 깨달으면서 '삼자적(三者的) 관계'를 형성한다. 이처럼 상징계는 신념, 가치, 세계관 등과 같은 사회의 이데올로기와 법률, 교육, 종교 등과 같은 통치 체제로 이루어지는데, 이러한 사회의 이데올로기와 통치 체제에 응답함으로써 우리가 누구인지, 어떤 존재인지가 결정(대타자)된다고 보는 것이다. 즉 대타자는 주체성을 형성하는 데 일조하는 어떤 것, 상징계, 언어, 이데올로기 그리고 기타 권위적 존재나 공인된 사회적 활동을 의미한다.

6) 심리주의, 정신분석비평의 의의와 한계

문학작품이 인간의 내면 심리를 반영하는 언어적 구조물이란 점에서 심리주의와 정신분석 비평은 상당히 의미 있는 비평 분석 방법이라고 할 수 있다. 하지만 작가의 창작 심리 연구에 있어서 정신병리학적 경향에 치우쳐 작가를 신경증 환자로 볼 위험이 도사리고 있다. 작가의 심리는 병리학적 이상을 드러내는 것이 아니라 세상을 바라보는 독특한 인식을 반영하는 것이므로 신경증이 보이는 파괴적 성향과는 달리 창조적 측면이 있음을 간과해서는 안 된다. 또한 심리주의, 정신

분석비평은 문학의 형식과 기교면을 무시하고 심리적인 내용만을 따지는 잘못이 뚜렷하다. 즉 문학의 미적 요소보다는 심리적 요인을 중시하여 문학작품 해석에 있어서 주객이 전도되는 모순적 접근이 될 우려가 있는 것이다.

문학의 무의식적 측면을 유일한 가치로 간주하는 태도도 상당히 많은 문제점을 노출한다. 이러한 무의식이 실제 작품과 전혀 연관이 안 되는 것은 아니겠지만, 작가 심리와 작품 속 인물의 심리를 서사 구성의 절대적인 요인으로 파악하는 것은 무리가 있다. 또한 작품 심리와 작가 심리를 혼동하여 이를 무조건 일치시키려는 데서 의도의 오류가 발생할 수 있다는 점도 경계할 필요가 있다. 게다가 정신분석학에서 사용하는 전문 용어의 문학적 적용이 자칫 현학적 비평으로 흘러 독자들이 문학작품을 분석하고 이해하고 감상하는 데 오히려 장애로 작용할 수도 있다는 점도 충분히 고려해야 한다.

Ⅱ. 문학비평의 실제

1. 주제론

'시와 정치' 사이에서 '윤리'를 생각하다

1) '시의 시대' 아니 '시론의 시대'

2000년대 이후 '문학의 위기'라는 말을 전혀 실감할 수 없을 만큼 시는 넘쳐났다. 마치 생산 - 포장 - 유통 - 소비되는 자본주의 시스템이 시의 작동 원리로 정착되었다고 해도 과언이 아닐 정도로 시는 '자동화'의 산물이 된 듯하다. 자본주의와 싸우는 것이 시의 오래된 명제였다면, 이제는 굳이 자본주의와의 대결을 고집할 이유가 없게 된 것은 아닐까. 오히려 시의 소규모 자본화가 오늘날 시의 존재를 정당화해주는 미적 근거가 되기도 한다. 물론 여기에서 말하는 '자본'은 단순히 물질적 재화의 축적만을 의미하는 것이 아니라 생산과 소비의 경계가 그다지 중요하지 않았던 공동체적 경제구조가 무너진 자리에서 형성되는, 그래서 '생산 - 소비'라는 실제적 차원보다 '포장 - 유통'이라는 일종의 기호적 단계에서 시의 의미가 세분화되고 추상화되는 철저한 개인주의의 총화를 의미한다. 이와 같은 개인성의 확대는 전래의 공동체적 시적 원리나 본질을 넘어서는 일탈과 전복을 미학적 핵심으로 삼으면서 견고하게 유지되어 왔던 시의 존재론적 의미와 위상은 급격한 변화와 혼돈을 겪지 않을 수 없게 되었다. 시의 본질로 명명되었던 '서정'의 지위가 심각하게 흔들리면서 소위 '다른 서정'과 같은 새로운 명명이 끊이질 않았던 이유도 바로 여기에 있다.

그런데 이러한 시의 변화 과정에서 반드시 짚고 넘어가야 할 문제는, 2000년대 이후 시가 넘쳐났다고는 하지만 과연 '시의 시대'였다고 자신 있게 말할 수 있을까 하는 점이다. 다시 말해 넘쳐나는 시의 중심에 정작 '시'는 없고 무수한 '시론'만이 명명과 구분의 전횡을 행사했던 것은 아니었는지 정직하게 물을 필요가 있는 것이다. 물론 문학지형의 급격한 변화 속에서 시의 변화를 이해하고 설명하기 위해서 전래의 시론과는 다른 새로운 시론이 필요했던 것은 사실이다. 하지만 그것이 진정으로 시의 변화라는 현상을 읽어내려는 자연스러운 과정이었는지, 아니면 시의 변화라는 새로운 지형을 우선적으로 선점하려는 작위적인 결과였는지는 의문이 남는다. 만일 전자의 경우였다면 그것은 시론이 감당해야 할 최소한의 책임과 의무를 다하는 긍정적인 의미를 지녔다고 할 수 있지만, 후자의 경우였다면 그것은 시의 혁신을 이론적으로 전유함으로써 시론의 위계를 강화하려는 권력적 욕망과 전혀 무관하다고 볼 수 없을 것이다. 안타깝게도 필자는 이 가운데 전자보다 후자 쪽에 더 무게를 두고 있다. 시를 위해 시론이 필요했다기보다는 시론을 앞세워 시를 동원하기에 급급했다는, 그래서 시는 계속해서 넘쳐났지만 정확히 말해 특정 시론에 맞춘 엇비슷한 시가 재생산되었다고 판단하지만 – 시가 주목받기보다는 언제나 시론이 중심이 되는 어처구니없는 상황이 벌어지고 말았기 때문이다. 이런 점에서 2000년대 이후는, 정확히 말해 '시의 시대'였던 것이 아니라 '시론의 시대'였다고 할 수 있다.

그렇다면 2000년대 이후 쟁점화한 새로운 '시론'의 핵심은 과연 무엇이었을까? 모든 담론의 변화 과정이 그러하듯 전대의 중심 담론을 부정하고 비판하면서 새로운 담론의 장이 펼쳐진다는 점에서, 2000년대 이후 '시론'의 과잉은 전래의 '서정'에 대한 근본적인 비판 혹은 부정에 초점을 두고 있었다. 이는 소위 '다른 서정'을 말하기 위해 반드시 필요한 전제였고, 나아가 주체 중심의 시학에 내재된 독단과 독선을 무너뜨리는 민주적 소통방식에 대한 요구였다. 즉 지독한 중심의 오류에 갇힌 규범화된 시론의 틀을 벗어나 시가 발화되는 다양한 지점을 한 목소리가 아닌 여러 목소리로 포착해내고자 했던 것이었다. 하지만 의도가 좋다고 해서 결과가 반드시 좋을 수는 없고, 또한 의도가 좋다고 해서 모든 결과가 정당성을 확보하는 것도 아니다. 중심에 대한 부정은 중심이 누리는 보편성의 독점화를 문제 삼는 것이어야지 보편성 자체의 근본적 부정이나 해체를 목표로 해서는 안 된다. 즉 구심력과 원심력의 긴장 속에서 유지되는, 변하지 말아야 할 것(랑그)과 변해야 하는 것(빠롤) 사이의 긴장 속에서 새로움을 시도해야 하는데, 최근 우리 시론의 방향은 변해야 하는 것에 대한 정당성을 확보하기 위해 변하지 말아야 할 것조차 무너뜨리고 마는 극단에 빠지고 말았다. 그 결과 민주적 소통의 가능성을 찾아가려던 시론의 변화 과정이 오히려 단절과 불통의 개인성을 강화하거나 정당화하는 자기모순에 직면하게 된 것이다.

모든 언어적 발화는 최소한의 보편성(랑그)을 토대로 이루어질 때 소통 가능한 의미를 생산할 수 있다. 게다가 그 보편성의 영역을 최대한 확대했을 때 현실의 모순을 가로지르는 공동체적 담론의 장을 생성하게 된다. 시가 '정치적'이 된다는 것은 바로 이러한 보편성의 확대를 어떻게 미학적으로 사유하고 실천할 것인가의 문제라고 할 수 있다. 최근 우리 시론의 중심에 '시와 정치'가 있었던 것은 이러한 시의 보편성 상실에 대한 문제의식과 전혀 무관하지 않다. 시인의 참여와 시의 참여 사이의 괴리에 대한 시인들의 진지한 고뇌는 시의 보편성 결여에 대한 자기성찰의 문제에서 비롯되었다고 볼 수 있는 것이다. 결국 '시와 정치'에 관한 담론의 증폭은 지금 우리 시가 너무도 정치적이지 못한 데서 오는 역설적 진단의 결과이다. 시인은 끊임없이 정치적이고자 하는데 시는 여전히 정치적이지 못한 방향으로만 흘러가므로 자신들의 시를 '전위'의 저항성으로 읽어내야만 한다는, 즉 직접적으로 정치적이지 않은 시도 정치적일 수 있다는 알리바이를 만들어내지 않을 수 없었던 것이다. 굳이 '정치'와 '정치적'인 것을 구별함으로써, '정치'의 현장성을 담아내지 못한 시를 '정치적'인 가능성으로 읽어내고자 하는 강박을 내면화한 결과라고 할 수 있다. 따라서 '시와 정치'를 말하면서도 정작 '정치'를 직접적으로 말하는 '시'에 대한 논의는 거의 찾아볼 수 없고, '정치적'인 것의 의미를 말하는 '시론'의 이론적 재구성만이 전면화 될 수밖에 없었다.

필자는 최근 뜨겁게 달구어졌던 '시와 정치' 담론의 중심에 왜 '김수영'만이 끊임없이 호출되고 '김남주'는 언급조차 되지 않았는지 도무지 이해할 수가 없다. 해방과 전쟁 그리고 반공정부로 이어져온 굴곡의 역사를 미학적으로 사유한 김수영의 시 정신을 문제 삼자는 것이 아니라, 분단과 유신 시대의 중심에서 민족과 민중의 삶에 역행하는 모순된 정치 현실을 향해 시는 '칼'과 '무기'가 되어야 한다고 선언했던 김남주의 시 정신이야말로 가장 '정치적'이었음을 결코 간과해서는 안 된다. 김수영이 '온몸의 시학'으로 시와 정치의 관계를 사유하는 해석학적 지평을 보여주었다면, 김남주는 '온몸' 그 자체로 시와 정치의 현장에서 투쟁하면서 그 누구보다도 '정치적'인 실천을 몸소 보여주었다는 사실을 반드시 기억할 필요가 있는 것이다. 그럼에도 불구하고 그동안 '시와 정치'를 둘러싼 논의에서 김남주가 아닌 김수영만이 호출될 수밖에 없었던 것은, '시와 정치' 담론이 '시'의 정치성에 대한 진정성 있는 고민의 과정이었다기보다는 '시론'의 정치성을 이론화하는 관념적 구성물이었기 때문이다. 최근 들어 우리 평단에서 비평가가 아닌 시인의 시론이 두드러졌다는 사실을 주목할 필요가 있다. 시와 정치 사이의 괴리에서 촉발된 것이긴 하지만, 시인과 시의 분리가 가져온 정치적 비판을 어떤 식으로든 극복해내고자 하는 시인들의 알리바이가 시론으로 전면화 된 결과라고 볼 수도 있을 것 같다. '시와 정치' 사이에서 '윤리'가 발화되는 지점도 이러한 문제에 대한 자기 성찰에서 찾아야 할 것이다. '시'보다 '시론'이 앞서는 시대, 그것은 '생산－소비' 단계에서 검증되어야 할 시의 윤리가 '포장－유통'의 단계를 거치면서 지적 자본에 물들어버리는 변질의 과정을 스스로 용인하고 합리화 하는 결과가 될지도 모른다. 뭐라 하든지 간에 '시의 시대'보다 '시론의 시대'가 아름답지 않은 것만큼은 분명한 사실이 아닐까 싶다.

2) 시인과 시 혹은 시인과 화자

전통적으로 한국문학은 역사나 철학과 구분되지 않는 통합적 지형 속에서 의미화 되었다. 특히 시는 시인이 어떻게 세상에 나아갈 것인가의 역사적 문제의식과 어떻게 세상을 인식하고 바라볼 것인가의 철학적 명제 안에서 사유하고 실천되는 가장 본질적인 장르였다. 물론이 때 역사적 사유와 철학적 인식 역시 별개의 문제가 아니라는 점에서 굳이 역사와 철학의 경계를 구분할 필요는 없다. 시를 재도지기(載道之器)로 보았던 효용론적 문학관에는 문사철(文史哲)의 통합적 사유와 실천이 고스란히 담겨져 있다. 이러한 문학관의 실현은 시인과 시의 온전한 합일을 기본적인 전제로 한다. 시인이 어떻게 살아가야 할 것인가의 문제가 곧 시는 어떤 삶의 모습을 보여주어야 하는가를 결정하고, 시인이 어떻게 세상을 인식할 것인가의 문제는 곧 시는 어떤 세상을 지향해야 하는가의 문제와 직접적으로 결부되는 것이다. 결국 시는 시인의 삶과 인식을 밖으로 표출하는 결과물이 된다는 점에서, 시가 좋지 못한 것은 시인이 올바르지 못하기 때문이고 시인이 올바르지 못하면 절대 좋은 시가 창작될 수 없다고 보았다. 지금의 시각에서 보면 다소 경직된 관점이 될 수도 있겠지만, 시인과 시의 완전한 일치를 통해 시가 역사적으로든 철학적으로든 가장 '윤리'적이 되어야 한다는 점을 무엇보다도 강조했다고 할 수 있다.

하지만 근대의 미학은 시인과 시의 일치가 상상적 구성물로서의 문학의 기본적 요건에 부합되지 않는다고 단언한다. 설령 시인과 시가 상당히 비슷한 모습을 보인다고 하더라도, 그것은 시의 화자가 시인의 가면을 쓰고 등장했기 때문이지 화자 그 자신이 곧 시인이 될 수는 없다고 보는 것이다. 이로부터 시는 가면(persona)을 쓴 '화자'에 주목함으로써 시인과 시의 분리를 정당화하였다. 물론 화자에 대한 인식은 자기고백적 어조로 일관한 시의 단조로움을 극복하는 다양한 목소리의 가능성을 가져왔다는 점에서 주목된다. 즉 시의 동일성이 '자전적 동일성'이 아닌 '상상적 동일성'이라는 점을 부각시킴으로써 시 또한 '허구적'임을 명확히 했던 것이다. 이러한 '퍼소나'의 강조는 시가 현실을 얼마나 잘 담아냈느냐 하는 '내용'보다는 시가 현실을 어떻게 잘 구성했느냐와 같은 '형식'에 초점을 두기 마련이다. 시인과 화자의 엄격한 분리 속에서 화자의 발화 형식에 대한 고민이 가장 중요한 시의 미학으로 자리 잡게 되는 것이다.

그런데 문제는 이러한 몰개성론의 미학이 시와 정치 사이에서 '분리주의'를 정당화하는 논거가 되기도 한다는 점이다. 시인이 정치적으로 어떤 입장을 취하는 것과 시에 나타난 정치성은 전혀 별개의 차원에서 평가해야 한다는 논리로 작용하는 것이다. 심지어 시인은 직접적으로 정치적일 수 있다 하더라도 시는 정치적 세속화에 빠져서는 안되고 이를 넘어서는 미학적 갱신을 보여주어야 한다고 주장하는 것이다. '시인=정치적/시=미학적'인 것의 구별 짓기는 이미 '정치적'인 것과 '미학적'인 것의 경계를 당연시한 결과이다. 그럼에도 불구하고 시인으로서의 정치성과 시의 정치성의 간극을 해소해 나가고자 하는 시인 혹은 시의 태도는 자기모순을 극명하게 보여주는 것이 아닐 수 없다. 아마도 이러한 모순은 시인과 시 혹은 시인과 화자의 일치에서 가장 선명하게 구현될 수 있는 시의 '윤리'를 결코 포기할 수 없기 때문이 아닐까 싶다.

> 문학과 정치를 연결하려는 시도는 매번 불순하거나, 불온한 것으로 매도당한다. 순수한 문학을 세속화하려는 잘못된 경향으로 읽힌다. 뭔가 신비스럽고 오묘하고 깊은 것을 단순화하고, 도구화하려는 경망스러운 시도쯤으로 평가절하된다. 그래서인지 문학인들은 정치를 혐오하고, 정치의 곁으로 너무 가까이 다가가면 마치 자신의 문학이 훼손이라도 될 양 화들짝 놀라 물러난다. 그것이 한국의 문학이고, 정치였다. 그러다보니 잊을 만하면 계면쩍어 하면서 슬며시 나오는 것이 문학과 정치의 관계에 대한 해묵은 질문이다. (중략)

> 자꾸 문학과 정치를 떼어놓으려는 어떤 '순수'한 의도들은 기실은 무지하거나, 나쁘거나, 지배집단과 문화에 대해 철저히 당파적일 뿐이다. 문학과 정치를 자꾸 대상화시켜 논의하려는 시도들 역시 반사회적, 반민중적, 반역사적일 수 있다. 문학과 정치는 떨어져 있지 않은 한 몸이다. 세계의 모든 문학은 정치적이다. 문학의 상상력이란 새로운 세계와 인간관계에 대한 저마다의 강령이다.
>
> – 송경동, 「저마다의 강령인 시」(『시와 시』 2012년 겨울호, 50쪽, 54쪽)

송경동은 시인과 시의 분리가 "문학과 정치를 떼어놓으려는 어떤 '순수'한 의도들"과 무관하지 않다고 본다. "세속화", "단순화", "도구화"라는 말에는 시가 곧 정치가 되는 것에 대한 비판과 냉소가 짙게 깔려 있다. 하지만 그는 이러한 생각이야말로 "문학과 정치를 자꾸 대상화시켜 논의하려는 시도"라는 점에서 "철저히 당파적"이고 "반사회적, 반민중적, 반역사적"이라고 말한다. 잘 알다시피 송경동은 시와 정치의 괴리를 고민하는 여느 시인들과는 달리, 그것이 왜 고민이 되어야 하는지를 비웃는 듯 시와 정치 혹은 삶과 정치의 일치를 명백하게 보여준 시인이다. 그는 '참여시'를 지향한다거나 그것에 자족하기보다는 시인의 '참여' 자체를 실천적으로 보여주었다. 그에게 있어서 '참여시'와 '참여'는 굳이 구별해야 할 대상이 아닌 것이다. "문학의 상상력이란 새로운 세계와 인간관계에 대한 저마다의 강령이다"라고 말하는 그의 시론과, "길거리 구둣방 손님 없는 틈에 / 무뎌진 손톱을 자르는 쪽가위로 자르고 있는 / 사내의 뭉툭한 손을 훔쳐본다 / 그의 손톱 밑에 검은 시(詩)가 있다"(「가두의 시」, 『사소한 물음에 답함』, 창비, 2009, 12쪽)라는 그의 시는 이미 "떨어져 있지 않은 한 몸"이기 때문이다.

경기대에서 「조국은 하나다」
육성시낭송을 듣고도 울지 않고
광주 톨게이트, 빛고을 시민들보다
먼저 와 그를 기다리고 섰던
백골단 장벽 보면서도 울지 않고
불 꺼진 취조실마냥 어둡던 망월동
그의 하관을 보면서도 이 악물었는데

그를 묻고 돌아온 서울
심야버스 타고 마포대교를 건너다
다리 난간에 덜덜거리는 허리 받치고
해머드릴로 아스팔트 까며 야간일 하는
늙은 노동자를 본 순간
이 악물며 울고 말았다
그가 간 것보다 그가 사랑했던 한 시대가
저물어가는 것이 서러웠다

– 「김남주를 묻던 날」 전문(『사소한 물음들에 답함』, 33쪽)

시인 김남주를 시로 불러내는 송경동의 시에서 시인과 화자의 관계를 다시 한 번 생각해 본다. 1연에서 김남주의 육성과 투쟁과 죽음을 마주하면서 "이 악물"고 "울지 않"은 화자와 2연에서 "그를 묻고 돌아온 서울"에서 "늙은 노동자를 본 순간/이 악물며 울고 말았"던 화자는 같으면서도 다르다. "그가 간 것"을 슬퍼하는 화자에서 "그간 간 것보다 그를 사랑했던 한 시대가/저물어가는 것이 서러웠다"는 화자로의 변화는 시적 인식의 확대와 심화를 보여준다. 여기에서 시인과 화자의 구별은 전혀 의미가 없지만 편의상 구분이 가능하다면, 전자의 화자가 시인에게 좀 더 가까이 다가가 있다면, 후자의 화자는 시인이 우리 사회의 공동체에게 요구하는 진정한 '화자'의 모습을 내면화한 것이라고 할 수 있는 것이다. 중요한 것은 '김남주의 죽음'이 아니라 '김남주가 생전에 그토록 바라던 세상'에 있으므로, 시인은 "그의 하관을 보면서도 이 악물었는데"에서처럼 김남주의 시와 시론에 애도를 표하는 것을 중요하게 생각하기보다는, "다리 난간에 덜덜거리는 허리 받치고/해머드릴로 아스팔트 까며 야간일 하는/늙은 노동자들을 본 순간/이 악물며 울고 말았다"와 같이 "그가 사랑했던 한 시대가/ 저물어가는 것"에 서러워하는 자신을 정직하게 응시하고자 했던 것이다. 그래서 그는 "오래 산 나무에 대한 은유로/가득 찬 시들을 보면/벌목해버리고 싶은 충동"(「오래 산 나무에 대한 은유를 베어버리라」, 『사소한 물음들에 답함』, 116쪽)을 느끼면서, "우리의 참담한 오늘을/우리의 꽉 막힌 내일을/ 얼어붙은 이 시대를/열어라 이 냉동고를"(「이 냉동고를 열어라」, 『사소한 물음들에 답함』, 99쪽)이라고 직설적으로 말한다. 혹자는 이를 두고 '미학적 성취의 결여'와 '정치의 세속화'를 말할 지도 모른다. 분명 그러하다. 그럼에도 불구하고 그의 시는 오히려 '미학적 성취'를 걷어내고 '정치의 세속화'를 지향하는 시적 역행을 의도적으로 감행한다. 그 결과 그의 시는 '정치적'인 것을 사유하고 실천한다고 말하는 그 어떤 시인의 미학적 형상화보다도 '윤리'적인 성취를 보여주었다. 그의 시를 읽으면 2000년대 이후 무수히 쏟아졌던 '시와 정치' 담론이 얼마나 허위적이었는지를 절감하지 않을 수 없다. 김남주가 그랬던 것처럼, 그에게 시는 최소한의 '윤리'조차도 외면하는 모순된 정치를 향해 던지는 '칼'과 '무기'이다. "그해 겨울 구로노동자문학회 총회 때/그들이 마지막 조합비라며 20만원이 든 봉투를 내놓았다/'파쇼'에 맞서 제대로 한번 싸워보지도 못한 나는/글을 써 돈을 받는 것이/무슨 죄라도 짓는 것처럼 부끄러웠다"(「첫 고료」, 『사소한 물음들에 답함』, 20~21쪽)라는 고백, 이것이 바로 시가 '윤리'를 말할 수 있는 최소한의 자의식인 것이다.

3) 시와 정치 그리고 시와 윤리

최근 증폭된 '시와 정치' 담론은 어딘가 모르게 과잉되어 있다. 『창작과비평』, 『문학과 사회』, 『문학동네』 등 소위 메이저 문예지를 중심으로 전개된 '시와 정치'에 관한 논의들을 전체적으로 다시 한 번 통독해보니, 좀 엉뚱하게도 '시와 정치'의 진정성에 대한 고민에 앞서 지금 우리 비평의 현재적 모습에 대한 안타까움이 우선적으로 남았다. 랑시에르를 비롯한 십여 명의 이론가들에 둘러싸인 무수한 동어반복과 앞선 비평에 동조하거나 비판하는 것이 주류가 된 재탕 삼탕 식의 비평들을 마주하면서, 도대체 비평이 언제부터 독후감이 되고 리포터가 되고 만 것인지 암담할 따름이었다. 자신들의 생각이나 주장은 거의 찾아볼 수 없고 오해의 소지를 없애기 위해 정확히 말한다면, 오로지 각주와 색인에 의지해 자신의 주장을 대변하고 있을 뿐 정작 자신은 아무 말도 하지 않은 채 침묵하고 있는 경우가 대부분이었다. 결국 비평이 책의 내용을 요약하고 핵심을 추출해냄으로써 저자의 생각을 비판적으로 따라가는 독후감이나 리포터의 차원을 넘어서지 못하고 있는 것이다. 이런 점에서 최근 전개된 '시와 정치' 담론은 '정치'의 외피를 쓰고는 있지만 사실상 '정치'와는 무관한 관념적 수사에 불과했던 것은 아니었을까. 게다가 시와 정치를 논하면서 지금 우리가 직면한 정치 현실로부터 구체적이고 실질적인 논의를 이끌어내지 못한 채 끊임없이 서구 이론가들의 생각에만 기대어 답을 찾으려고 하는지도 솔직히 납득할 수가 없다. 결국 '시와 정치' 담론은 '정치'를 바라보는 시 혹은 시인의 고뇌가 본질이 아니라, '정치'를 담아내는 시의 형식에 대한 고민을 서구 사상가들의 생각에 의지해 이론적으로 정립하려는 시론의 욕망에서 비롯된 것은 아니었을까. 그동안 비평의 장에서 공론화된 '시와 정치'에 대한 논의를 두고, "시인과 '정치성' 역시 비평가들이 뭔가의 쟁점을 먼저 선점하고자 하는 얄팍한 댓거리나 논쟁쯤으로 여겼다"(임성용,「시의 정치성 구분되는 것과 구분되지 않는 것」,『시와 시』 2012년 겨울호, 55쪽)라고 비판한 시인의 냉소에 대해 과연 비평가들은 무슨 말을 할 수 있을지 모르겠다.

> 최근 고민 중에 하나는 집회나 문화제에 가서 가끔 시 낭송을 하는데 낭송용 시를 써야 한다는 것이다. 낭송용 시가 따로 있느냐고 우습게 생각할지 모르겠으나 우스워도 고민이 된다. 광장에 모인 사람들은 생존의 문제로 위급한 상황이다. 여기에서 노래나 춤은 바로 그 시간에 사람들과 교감을 해낸다. 허나 시는 내용을 전달해야 하며 내용이 전달되면서 교감이 이루어져야 하는데 도통 쉽지가 않다는 것이다. 거의 선동적으로 직설적이고 즉자적인 내용을 쓰고 외쳐야만 그들에게 다가간다는 것이다. 그렇다고 그 자리에서 정제된 시를 낭송하는 것은 뜨악한 일이다. 시어들이 급박한 현장에서는 둥둥 떠다니게 된다. 그러니 시 낭송은 집회에서 들러리로 전락하는 느낌을 많이 받는다. 그리고 낭송용 시를 그대로 발표하기도 어렵다. 시라고 생각하지 않기 때문이기도 하다. (중략)
>
> 시 쓰기의 형식 실험은 고이지 않으려고 몸부림치는 것만큼이나 어렵지만 꼭 필요로 하는 과정이라고 생각한다. 내겐 참으로 어려운 작업이다. 아직까지 형식에 대한 고민이 많이 부족하기 때문이다. 무엇을 쓸 것인가에 여전히 집중해 있다. 그것이 어떻게 어디서 나타날지는 모르겠으나 현실에 대한 긴장을 늦추지 않고 오감을 열어서 상상력을 극대화시키는 끊임없는 노력만이 시를 살리는 길이지 않을까 싶다.
>
> — 김사이, 「거대한 일상」(『시와 시』 2012년 겨울호, 63~64쪽)

인용문은 "이주 노동자와 비정규직 노동자들의 투쟁을 지지하며 성명서에 이름을 올리거나지지 방문을 하고 정치적 이슈를 다루는 논문을 쓸 수도 있지만, 이상하게도 그것을 시로 표현하는 것은 쉽지 않다"(진은영, 「감각적인 것의 분배」, 『창작과비평』 2008년 겨울호, 69쪽)라는 생각에서 촉발되었다고 일컬어지는 '시와 정치' 담론의 어떤 논점보다도 훨씬 더 구체적으로 시의 정치성에 대한 가장 현실적인 고민을 담고 있다. 언뜻 보기에 김사이와 진은영의 고민은 서로 닮은 것처럼 보이지만, "생존의 문제로 위급한 상황"에 놓인 사람들에게 "노래나 춤"과 같이 즉각적인 교감의 영역을 만들어내는 시의 형식을 고민하는 김사이의 현장에 대한 실천적 생각과, "낭송용 시를 그대로 발표하기 어렵다"라는 시의 현실을 똑같이 직시하면서도 그것을 정치성을 유지함과 동시에 발표할 수 있는 시의 형식으로 변용해내는 시의 미학적 갱신에 초점을 두는 진은영의 생각은 전혀 다르다. 김사이 역시 "시 쓰기의 형식 실험"은 "꼭 필요로 하는 과정"이라고 생각하지만, 그것은 "시라고 생각하지 않기 때문"에 "낭송용 시를 그대로 발표하기" 어려운 우리 시단의 편견과 타협하고자 하는 것이 결코 아니다. 오히려 어떻게 말하고 표현하는 것이 생존을 위해 광장에 모인 사람들과 교감을 나누는 것이 될 수 있을까에 대한 실천적인 고민을 하고 있는 것이다. 다시 말해 시인에게 있어서 형식은 내용을 효과적으로 드러내는 일종의 전략일 뿐 그 자체가 본질이 될 수는 없는 것이다. 그동안 전개된 '시와 정치' 담론에서 깊이 성찰해야 할 문제는 바로 이 부분이다. 즉 시가 '정치'를 말하면서도 무엇을 어떻게 말할 것인가를 중심에 놓지 않고 오로지 시의 형식과 정치의 형식은 다른 것이라는, 그래서 시는 정치와는 구분되는 자율적인 미학을 추구해야 한다는 논리를 강조하기에 급급했던 것이다. 만일 '감각적인 것의 분배'가 이러한 미학의 자율성에 대한 근거로만 작용한다면 랑시에르의 견해는 잘못된 것이다. 공동체의 감각에 대한 보편적 인식이 결여된 시는 결코 '정치적'일 수 없다. 정치의 현장에서 노래와 춤과 같은 즉각적인 교감의 영역을 만들어내지 못하는 시의 장르적 한계에 대한 고민과 성찰이야말로 시의 정치성을 고뇌하는 진정성 있는 목소리인 것이다. 그럼에도 불구하고 끝끝내 '감각적인 것'의 구별을 통해 시의 정치성을 말하고자 한다면 그것은 철저한 자기기만의 형식이 되지 않을 수 없을 것이다.

시의 윤리와 시와 정치 사이에서의 윤리는 그 범주가 다르다. 물론 '정치'를 국가의 권력 작용에 기반한 제도적 체제에 한정하지 않고 모든 인간관계에서 발생하는 사회 문화적 권력 작용으로 폭넓게 바라본다면, 시의 윤리와 시와 정치 사이에서의 윤리는 그 간격을 좁힐 수 있을 것이다. 그런데 최근 쟁점이 된 '시와 정치' 담론은 '시와 정치 사이에서의' 고뇌로부터 촉발된 것이란 점에서 현실 정치와의 밀접한 관계 속에서 그 해답을 찾아나갈 때 진정한 의미에서 '윤리'를 발견할 수 있다. 하지만 시인과 시 혹은 시인과 화자의 분리를 전제로 그리고 정치와 정치적인 것 혹은 정치적인 것과 미학적인 것의 구별을 토대로 이루어진 '시와 정치' 담론은 사실상 전혀 '윤리'적이지 못하다. "진은영의 곤혹은 정치적 발언을 수용할 만한 감성의 영역이 망실된 한국시의 위기를 드러내는 징표"(박대현, 「문학의 '시취'를 둘러싼 추문 혹은 추도」, 『닿을 수 없는 혁명』, 인크, 2013, 60쪽)임에 틀림없지만, 이러한 위기를 넘어서는 방향이 "정치적 발언을 수용할 만한 감성의 영역"을 되찾으려는 것이 되지 못하고 오히려 "정치적 발언"과 "감성의 영역"을 구분하는 논리를 만들어내는 데 집중함으로써 '시와 정치 사이에서의 윤리'는 실재가 아닌 관념이 되고 만 것이다.

> 판사가 최후진술을 하라고 하자 피고석에서 수갑을 찬 채 엉거주춤 일어난 늙수그레한 대학생 김남주가 법복을 입고 안경을 쓴 갸름한 얼굴의 판사를 정면으로 바라보며 말했다. "한마디로 좆돼부렀습니다!" 여기저거서 키득거리는 웃음소리가 들리고 법정 안이 잠시 소란했다. 1973년 12월 28일 광주지법, 지하신문 『고발』 지 결심공판정에서의 일.
>
> – 이시영, 「최후진술」전문(『경찰은 그들을 사람으로 보지 않았다』, 창비, 2012, 64쪽)

김남주의 "최후진술", 즉 "한마디로 좆돼부렀습니다!"야말로 가장 시적이라는 생각이 그대로 한 편의 시가 되었다. 어떤 말이 더 필요하고 어떤 생각이 더 부연되어야 할까. 저 말 속에는 은유도 있고 풍자도 있고 고뇌도 있고 즐거움도 있다. 그 어떤 '정치적'인 논평보다도 더욱 '시적'이라고 말할 수 있지 않을까. 언어는 그 자체로 의미를 지니고 있지만 그 의미는 고정된 것이 아니라 발화 상황에 따라 또 다른 의미를 생산하는 유동적인 속성을 지닌다. "한마디로 좆돼부렀습니다!"라는 말은 일상 속에서는 세속어가 될 수 있겠지만 법정에서의 최후진술일 때, 그것도 김남주라는 시인의 말이었을 때는 가장 '정치적'인 시가 될 수도 있다. 그러므로 처음부터 시라는 장르에 어울리는 미학적 언어와 형식을 고정적으로 갖고 있는 것이 아니다. 물론 시의 장르적 관습은 지금도 통용되고 유지되고 있지만 그것은 절대적이지 않고 느슨하다는 점에서 끊임없는 변화와 혁신이 요구되기도 하는 것이다. 인용한 이시영의 시는 감정과 정서를 최대한 억제하고 배제한 상태에서 화자가 마주한 대상에 직접적으로 다가간다. 그는 사물과 대상을 관념화하지 않고 온전히 그 모습 그대로 마주하는 순간 '참모습'을 발견할 수 있다고 믿는 데서 오늘날 시의 가치를 구현하고자 하는 것이다. 그래서 그는 "어떤 이들은 이런 유의 작품들이 시가 아니라고 타매하기도 하지만, 나는 시가 아니라도 좋으니 이런 작업을 통해서 감추어진 세계의 진실을 드러내는 게 더 시급하고 중요한 일이라고 본다"(「시인의 말」, 『경찰은 그들을 사람으로 보지 않았다』, 155쪽)라고 단호하게 말했다. '시와 정치 사이에서의 윤리'는 바로 이러한 말과 생각에서 비로소 실현될 수 있을 것이다.

지금으로부터 10여 년 전 "요즘의 급진적 비평이나 문학이론은 예전에 많이 보던 실제비평의 '보수주의'보다도 더 폭이 좁아진 듯하고, 대중적 의사소통으로부터 폐쇄된 지적 유희로 전락해버린 느낌"이라고 지적했던 김종철의 비판이 아직까지도 유효한 발언이 된다는 사실이 비평의 절망을 가중시킨다. 그의 말처럼 "어떤 진보적인 이론도 그게 진짜가 되려면 어떤 식으로든 대중적 현실과 연계되어 있어야 할 것"이고, "문학평론도 궁극적으로는 무식한 우리 어머니, 아버지도 읽을 수 있는 것"이 되어야 한다. 결국 시든 시론이든 "종이 위에서 누가 더 정치적으로 급진적인가 하는 경쟁을 하고 있"(대담 「세기말 문명의 반성과 생명의식」, 『시와생명』 1999년 여름호, 40쪽)는 데서 '시와 정치'에 관한 담론은 점점 더 허위적인 것이 되고 만다. 시와 시인 혹은 삶과 시를 분리하지 않고 시의 윤리를 삶의 윤리로 전환시킬 수 있을 때 비로소 시는 '정치적'인 것의 가능성과 '윤리'를 체득할 수 있을 것이다. 이제 '시론'의 시대는 가고 '시'의 시대가 오기를 간절히 원한다. 진정으로 '시가' 직접적으로 말하는 '정치', 바로 그 목소리를 아주 가까이에서 육성으로 듣고 싶은 것이다.

(『시와사상』 2013년 봄호)

2. 작가론/시인론

심훈의 생애와 시세계의 변천

1) 머리말

심훈은 1901년 9월 12일 경기도 시흥군 신북면 흑석리(지금의 중앙대학교 부근)에서 태어났다. 본명은 대섭(大燮)이고, 필명 훈(熏)은 1925년 〈동아일보〉에 「탈춤」을 연재하면서 쓰기 시작했고, 중국 체류 시절에 백랑(白浪)으로 불리기도 했다.[1] 그는 1919년 경성고등보통학교 4학년 재학시에 3·1운동에 가담하여 3월 5일 헌병대에 잡혀 투옥되었고[2],

---

1) 심훈의 〈杭州遊記〉 연작 가운데 「七絃琴」 말미에 "江畔에 솟은 之江大學 寄宿舍에 無依한 漢文先生이 내 房을 湛하야 獨居하는데 밤마다 七絃琴을 뜯으며 孤寂한 老境을 自慰한다. 그는 나에게 号를 주어 白浪이라 불렀다."라고 했다. 『沈熏詩歌集 第一輯』, 京城世光印刷社印行, 1932, 173쪽. 이 시집은 일본 총독부 검열본 상태로 영인되어 『심훈문학전집① 그날이 오면』(심훈기념사업회 편, 차림, 2000, 156~173쪽)에 수록되어 있다. 본고에서 인용한 시는 기본적으로 이 시집의 검열본을 따랐으며, 『그날이 오면』으로 약칭하고 쪽수만 밝힐 것이다. 그리고 이 시집에 수록되지 않은 시는 『沈熏文學全集』 1권(詩), 탐구당, 1966(이하 『전집』으로 약칭)에서 인용했음을 밝혀둔다.

2) 심훈은 그날의 일을 다음 해 1920년 3월 5일 일기에서 다음과 같이 기록해 두었다. "오늘이 三月 五日, 나에게 대하여 느낌 많은 날이다. 작년의 오늘 오전 九시 남대문 역전에서 數万의 학생과 같이 朝鮮獨立 만세를 불러 일대 시위운동을 하여 피가 끓은 날이요 그날 밤 別宮 앞 海明旅館 門前에서 헌병에게

같은 해 7월에 집행유예로 출옥하였다. 이 사건으로 학교에서 퇴학당하였으며, 1920년 말 중국으로 유학의 길을 떠나 1921년 북경에서 상해, 남경 등을 거쳐 항주 지강대학(之江大學)에 입학했고, 1923년 중국에서 귀국하였다. 귀국 직후 신극연구단체인 '劇文會'를 조직하였고 '염군사'의 '극부'에서 활동하기도 했다. 이후 〈동아일보〉, 〈조선일보〉 기자 생활을 하면서 소설 창작과 영화 제작을 중심으로 활발한 활동을 하였고, 1927년 봄 영화 공부를 위해 일본으로 건너가 6개월간 체류하면서 영화배우로 활동하기도 했다. 1932년 기자 생활을 비롯해 사회 활동 대부분을 청산하고 부모님이 계신 충남 당진군 송악면 부곡리로 내려가 장편소설 창작에 주력하였으며, 1936년 그의 대표작 「상록수」 출판을 위해 서울 한성도서주식회사 2층에서 기거하다가 장티프스를 얻어 9월 6일 타계하였다.[3]

이상의 개략적인 연보에서 알 수 있듯이, 심훈은 36년이라는 짧은 생애에도 불구하고 중국과 일본을 오고가면서 시, 소설, 영화 등 전방위적인 활동을 했고, 그가 남긴 작품 수도 전집 3권 분량이 넘을 정도로 상당히 많은 성과를 이루었다.[4] 하지만 지금까지 심훈에 대한 연구의 대부분은 그가 남긴 소설, 특히 「상록수」를 비롯한 농촌 계몽 서

피체되어 警務總監府 안인 京城憲兵分隊에 유치되어 밤을 새던 날이다. 그리고 審問을 받을 때 만세를 불렀다고 바로 말함으로 인연하여 二個月 동안이나 고생을 할 줄은 모르고 내어 주기만 바라던 그 날!" 『전집』 3, 601쪽.

3) 「심훈 연보」, 『그날이 오면』, 121~122쪽. 이하 심훈의 생애에 대한 서술은 이 책을 주로 참고했음을 밝혀둔다.

4) 『沈熏文學全集』 1권(詩, 「常綠樹」, 「탈춤」, 시나리오), 2권(「織女星」, 「東方의 愛人」, 短篇), 3권(「永遠의 微笑」, 「不死鳥」, 隨筆, 評論, 日記, 書簡), 탐구당, 1966.

사를 중심으로 이루어졌고, 그의 시에 대한 논의 역시 「그날이 오면」의 저항적 측면에만 집중되어 있었다. 그 결과 그가 중국에 체류하면서 남긴 작품들과 귀국 이후 창작한 시들 그리고 20여 편의 시조 작품 등에 대한 논의는 거의 이루어지지 않았다. 따라서 본고에서는 그의 생애를 따라가면서 각각의 시기마다 어떤 시가 창작되었는지를 밝히고, 각 시기의 작품에 담긴 사회역사적 의미를 분석하는데 주력하고자 한다. 심훈의 시문학은 역사와 현실에 대한 참여의 성격이 두드러졌다는 사실을 무엇보다도 주목할 때, 시인의 생애와 작품의 관련성에 바탕을 둔 역사전기적 접근은 심훈의 시를 이해하는 데 있어서 가장 유효한 연구방법이 될 것이다.

본고에서는 심훈의 시 창작을 크게 세 시기로 나누어 논의하고자 한다. 첫째 시기는 습작기에서부터 중국 체류 시기까지인 1923년 이전으로 그의 시의 발생학적 토대와 사회역사적 배경을 이해하는 중요한 시기이다. 둘째 시기는 중국에서 귀국한 1923년부터 모든 정치사회적 활동을 접고 충남 당진으로 내려가기 전인 1932년까지로 심훈이 가장 왕성하게 작품 활동을 했던 시기이다. 마지막으로 셋째 시기는 충남 당진으로 내려가 농촌을 배경으로 장편소설 창작에 매진하다가 갑자기 병이 들어 타계하기 전까지이다. 이러한 시기 구분은 시 창작에만 한정된 것이 아니라 그의 문학 활동 전반을 아우르는 것으로, 한 사람의 문학적 시기 구분이 특정 장르에 따라 달리 나타날 수는 없다는 점에서 보편적인 시기 구분에 바탕을 두고 그의 시세계의 변화 과정을 통시적으로 살펴보고자 했다. 특히 본고는 심훈의 생애를 따라가는 역사전기적 방법에 토대를 둔다는 점에서, 그의 생애에서 가장 큰 굴곡이 있었던 시점을 경계로 삼은 세 시기 구분은 심훈

시의 변화와 의미를 이해하는 중요한 결절점이 될 것이다.

2) 사회주의 문학관의 형성과 중국 체험의 시적 형상화

심훈은 1920년[5]에 북경으로 유학을 떠나 남경, 상해를 거쳐 항주로 가서 지강대학을 다니다가 1923년 졸업도 하지 않은 채 서둘러 귀국을 했다. 앞서 언급한 대로 그동안 심훈 연구는 1930년대 이후 발표된 그의 소설에 치중한 나머지 심훈 문학의 형성기라고 할 수 있는 1920년대 중국 체류 시기에 대해서는 크게 관심을 기울이지 않았다. 사실 심훈이 중국에서 쓴 작품들은 질적 측면에서 뛰어나지는 않지만, 그의 문학적 지향성이 어디에서 비롯되었는지를 파악하는 중요한 단서가 된다는 점에서 상당히 중요한 의미를 지닌다. 1920년대 중국 공산당과의 밀접한 관계 속에서 상해를 중심으로 사회주의 계열 독립운동이 두드러졌다는 사실로 미루어 볼 때, 당시 심훈의 중국행은 단순한 유학으로만 볼 수 없는 어떤 특수한 사정이 있었을 것으로 짐작된다.[6] 즉 심훈의 중국에서의 행적은 그의 초기 시세계가 어떠한 사상적

---

5) 심훈의 북경행은 1919년 설과 1920년 설 두 가지가 있다. 이에 대한 자세한 논의는, 하상일, 「심훈과 중국」, 〈中韓日 文化交流 擴大를 위한 韓國語文學 및 外國語教育研究 國制學術會議 발표논문집〉, 절강수인대학교, 2014. 10. 25. 55~56쪽 참조.

6) 실제로 심훈은 "나는 맨 처음 그 어른에게로 紹介를 받아서 北京으로 갔었다" (「丹齋와 于堂(2)」, 『전집』 3, 492쪽.)라고 밝혔는데, 여기에서 "그 어른"은 우당 이회영을 가리킨다. 그리고 "醒庵의 소개로 數三次 丹齋를 만나 뵈었는데 新橋 무슨 胡同엔가에 있는 그의 寓居에서 며칠 저녁 발치잠을 자면서 가까이 그의 謦咳를 接하였다."(「丹齋와 于堂(1)」, 『전집』 3, 491쪽.)라고도 적어두었는데, 여기에서 "醒庵"은 이광(李光)으로 이회영과도 아주 가까운 혁명 동지였

거점을 토대로 형성되었는지를 이해하는 아주 특별한 의미를 지니는 것이다. 이 시기에 그가 발표한 시는 북경에서 쓴「北京의 乞人」,「鼓樓의 三更」, 북경에서 상해로 이동하는 중에 쓴「深夜過黃河」, 상해에서 쓴「상해의 밤」, 남경과 항주에 있을 때 쓴 것으로 그의 첫 번째 부인 이해영에게 보낸 편지에 동봉한「겨울밤에 내리는 비」,「기적」,「전당강 위의 봄밤」,「뻐꾹새가 운다」, 그리고〈杭州遺記〉연작 시조 14편[7]이 있다. 이 외에 현재까지 알려진 것으로는 귀국 이전의 마지막 작품인「돌아가지이다」가 있다.

1920년 갑작스런 심훈의 중국행은 당시 상해를 중심으로 전개되었던 사회주의 독립운동과 어떤 관련성을 맺고 있었던 것으로 보인다. 그렇다면 그는 중국으로 떠나기 전부터 이미 사회주의 사상의 기초적

다. 심훈은「丹齋와 于堂(1)」에서 "醒庵의 소개로 數三次 丹齋를 만나뵈었"다고 했는데, 여기에서 "醒庵"은 이광(李光)이다. "일본 와세다대학과 중국 남경의 민국대학을 졸업한 이광은 신민회원이었고, 이회영과 함께 경학사와 신흥무관학교를 운영한 가까운 동지였다. 그는 임정 임시의정원 의원과 외무부 북경 주재 외무위원을 겸임하며 한중 양국의 외교적 사항을 처리할 만큼 중국통이었"다.(이덕일,『이회영과 젊은 그들』, 역사의아침, 2009, 198쪽.) 이제 스물밖에 되지 않는 청년 심훈이 당시 이러한 항일 망명 지사들과 접촉할 수 있었다는 사실 자체가 그의 중국행을 단순히 유학을 위한 것이었다고는 볼 수 없게 한다. 아마도 당시 심훈은 민족 운동에서 출발해서 무정부주의로 나아갔던 단재와 우당 그리고 이광 등과 같은 아나키스트들의 사상을 많이 동경했던 것으로 보인다. 따라서 당시 심훈의 중국행은 유학으로 가장한 채 정치적 목적을 수행하기 위한 위장된 행로가 아니었을까 추정된다. 하상일,「심훈의 중국에서의 행적과 시세계의 변화」,〈2014 越秀 – 中源國際韓國學硏討會 발표논문집〉, 절강월수외국어대학 한국문화연구소, 2014. 12. 13. 207쪽.

7)「平湖秋月」,「三潭印月」,「採蓮曲」,「蘇堤春曉」,「南屛晩鐘」,「樓外樓」,「放鶴亭」,「杏花村」,「岳王墳」,「高麗寺」,「杭城의 밤」,「錢塘江畔에서」,「牧童」,「七絃琴」(『그날이 오면』, 156~173쪽.)

토대를 형성하고 있었다고 짐작할 수 있는데, 1920년대 사회주의 보급과 전파에 중요한 역할을 했던 『共濟』 2호(1920. 11.)의 〈懸賞勞動歌募集發表〉에 '丁'으로 선정되어 게재된 「로동의 노래」에서 그 단초를 확인할 수 있다.[8]

一. 아츰 해도 아니도든 꼿동산 속에/무엇을 찾고 잇나 별의 무리
　저녁놀이 붉게 비친 풀언덕 우에/무엇을 옴기느냐 개암이 쎼들.
후렴 – 방울 방울 흘린 쌈으로/불길가튼 우리 피로써
　　시들어진 무궁화에 물을 쌔리자/한배님의 끼친 겨레 감열케 하자.
二. 삼천리 살진 덜이 논밧을 가니/이천만의 목숨 줄을 내가 쥐엇고
　달밝은 밤 서늘헌데 이집 저집서/길삼하는 저소리야 듣기 조쿠나.
三. 길게 버든 힌 뫼 줄기 노픈 비탈에/괭이잡어 가진 보배 쑬코 파내며
　신이 나게 쇳떡메를 들러 메치니/간 곳마다 석탄연기 한울을 덥네.
四. 배를 쎄라 넓고 넓은 동해 서해에/푸른 물결 벗을 삼아 고기 낙구고
　채쳐내라 몃 만년을 잠기어 잇는/아름다운 조개들과 진주며 산호.
五. 풀방석과 자판 우에 티끌 맛이나/로동자의 철퇴가튼 이 손의 힘이
　우리 사회 구든 주추되나니/아아! 거룩하다 로동함이여.

– 「로동의 노래(미뢰도레미쏠솔곡조)」전문

"아츰 해도 아니도든" 때부터 "저녁놀이 붉게 비친" 때까지 열심히 일하는 노동의 신성함으로 "방울 방울 흘린 쌈으로/불길가튼 우리 피로써/시들어진 무궁화에 물을 쌔리자/한배님의 끼친 겨레 감열케 하자."에서처럼 식민지 조국의 현실을 넘어서고자 하는 굳은 의지를 담은 작품이다. 산에서든 바다에서든 논밭에서든 조국 땅 어디에서나

8) 이 작품의 발굴과 의미에 대한 논의는, 한기형, 「습작기(1919~1920)의 심훈 – 신자료 소개와 관련하여」, 『민족문학사연구』 22호, 민족문학사학회, 2003 참조.

열심히 일하는 "로동자의 철퇴가튼 이 손의 힘"이야말로 "우리 사회 구든 주추되"는 참된 가치임을 역설하고 있는 것이다. "아아! 거룩하다 로동함이여."와 같이 다소 피상적이고 감상적인 태도를 완전히 벗어나지는 못했지만, 식민지 시대를 살아가는 스무 살 청년의 노동에 대한 신념은 확고하게 보인다. 비록 사회주의 노동에 대한 이해와 수준은 아직 초보적인 단계에 머물러 있었다 하더라도, 당시 심훈에게 사회주의적 노동의 가치는 식민지 현실을 넘어서기 위한 뚜렷한 이념으로 내면화되어 가고 있었던 것이다. 따라서 그는 일본으로의 유학을 결심했던 당초의 계획을 접고 전혀 계획에도 없었던 중국으로의 유학을 감행했다.[9]

나에게 무엇을 비는가?
푸른 옷 입은 隣邦의 걸인이여,

9) 그는 1920년 1월의 일기에서 일본 유학에 대한 결심을 분명히 말했었다. "나의 日本 유학은 벌써부터의 宿望이요, 갈망이다. 여기만 있어 가지고는 아주 못할 것은 아니나 내가 목적하는 문학 길은 닦기가 극난하다. 아무리 원수의 나라라도 西洋으로 못갈 以上에는 東洋에는 日本 밖에 가 배울 곳이 없다. 그러나 내 주위의 사정은 그를 용서치 않는다. 그러나 나는 기어이 올 봄 안으로는 가고야 말 심산이다. 오는 三月안에 가서 入學을 하여도 늦을 것인데 ……어떻든지 逃走를 하여서라도 가고야 말란다." (『전집』 3, 591쪽.) 하지만 3월의 일기에서 "나의 갈망하던 日本 유학은 三月에 들어 단념하게 되었다."라고 하면서 네 가지 이유를 말했다. "一, 日人에 대한 感情的 증오심이 날로 더해감이요, 二, 學費問題니 뒤를 대어줄 형님이 추호의 성의가 없음, 三, 二 三년간은 日本에 가서라도 英語를 준비해야 하겠는데 그만큼은 못하더라도 靑年會館에서 배울 수 있는 것, 四, 英語와 기타 기초 교육을 닦은 뒤에 西洋유학을 바람 등이다. 父親도 극력 반대이므로."(『전집』 3, 608쪽.) 이런 사실로 미루어볼 때, 만일 그가 진정 유학을 목적으로 한 것이었다면 굳이 중국으로 가지는 않았을 것으로 판단된다.

숨도 크게 못 쉬고 쫓겨오는 내 行色을 보라,
선불 맞은 어린 짐승이 曠野를 헤매는 꼴 같지 않느냐.
正陽門 門樓 위에 아침 햇발을 받아
펄펄 날리는 五色旗를 쳐다보라.
네 몸은 비록 헐벗고 굶주렸어도
저 깃발 그늘에서 자라나지 않았는가?

거리거리 兵營의 유량한 喇叭소리!
내 平生엔 한번도 못 들어보던 소리로구나!
胡同 속에서 菜商의 외치는 굵다란 목청
너희는 마음껏 소리 질러보고 살아왔구나.

저 깃발은 바랬어도 大中華의 자랑이 남고
너의 同族은 늙었어도 '잠든 獅子'의 威嚴이 떨치거니
저다지도 허리를 굽혀 구구히 무엇을 비는고
千年이나 万年이나 따로 살아온 百姓이어늘……

때묻은 너의 襤褸와 바꾸어준다면
눈물에 젖은 단거리 周衣라도 벗어주지 않으랴.
마디마다 사무친 원한을 놓아준다면
살이라도 저며서 길바닥에 뿌려주지 않으랴,
오오 푸른 옷 입은 北國의 乞人이여!

—「北京의 乞人」 전문[10]

이 시는 심훈이 중국에서 쓴 첫 번째 시로, 화자와 걸인의 대비를 통해 식민지 청년으로서의 민족적 열패감을 토로한 작품이다. 인용 시에서 화자는 "헐벗고 굶주렸"을망정 "저 깃발 그늘에서 자라"나고 "마음껏 소리 질러보고 살아"온 "걸인"과 "숨도 크게 못 쉬고 쫓겨오

10) 『그날이 오면』, 141~143쪽.

는" 화자의 현실적 처지를 대조함으로써, 가난한 삶을 살아가더라도 조국의 하늘 아래에서 자유롭게 살아갈 수 있기를 바라는 마음을 간절히 담고 있다. 비록 "저 깃발은 바랬어도 大中華의 자랑이 남"아 있고, "同族은 늙었어도 '잠든 獅子'의 威嚴이 떨치"는 중국의 현실 앞에서 망명을 떠나온 화자 자신의 모습이 더없이 초라함을 절실하게 깨달았던 것이다. 그러므로 설령 "남루"일지언정 "걸인"과 처지를 바꾸고 싶은 화자는 "저다지도 허리를 굽혀 구구이 무엇을 비는고"라고 걸인을 향해 반문한다. 식민지 조선의 현실에 대한 비애로 가득 차 있는 화자의 내면에는 아무리 가난해도 주권(主權)을 잃어버리지 않은 나라, 어떤 말이든 눈치 보지 않고 마음껏 할 수 있는 나라의 백성으로 살아가고 싶은 간절함이 담겨 있는 것이다.

하지만 이러한 주권국가로서의 중국에 대한 동경과 기대가 그리 오래 가지는 않았다. 그는 중국에 체류하는 2년 남짓 동안 북경에서 남경, 상해를 거쳐 항주에 정착하는 결코 순탄하지 않은 여정을 거쳤다. 심훈은 북경에 체류할 때 우당 이회영에게 "演劇工夫를 하려고 仏蘭西 같은 데로 가고 싶다는 所望"[11]을 말한 적이 있다. 그래서 그는 북경대학 문과에서 극문학을 전공하려고 했는데, 당시 북경대학 학생들의 활기 없는 모습과 희곡 수업을 일주일에 겨우 한 시간 남짓밖에 하지 않는 교과과정에 실망하여 생각을 접었다고 했다.[12] 그런데 프랑

11) 「丹齋와 于堂(2)」, 493쪽.

12) 당시 북경대학은 차이위안페이(蔡元培)가 교장으로 취임하여 천두슈(陳獨秀), 리다자오(李大釗), 후스(胡適) 등 신문화 운동의 주역들을 교수로 초빙하고, 새로운 학풍 조성을 위해학생들의 자유로운 서클활동을 적극 장려하는 등 대학의 개혁에 박차를 가하는 때였다.(백영서, 「교육독립론자 차이위안페이 – 중국의 대학과 혁명」, 『전환의 시대 대학은 무엇인가』, 한길사, 2000 참

스 정부에서 중국 유학생을 모집하는데 조선 학생도 갈 수 있다는 소식을 접하고 무조건 기회를 잡아야 한다는 결심으로 프랑스행 배가 떠나는 상해로 갔다는 것이다.[13] 하지만 그는 상해에서 프랑스행 배를 타지도 않았고, 어떤 이유에서 항주의 지강대학으로 가게 되었는지 그 이유에 대해서도 구체적으로 밝힌 바가 전혀 없다. 아마도 심훈의 중국에서의 이동 경로가 이렇게 복잡한 데는 쉽게 말할 수 없는 비밀스러운 사정이 있었을 것으로 짐작된다.[14]

> 우중충한 弄堂 속으로
> 훈둔장사 모여들어 딱딱이 칠 때면

조.) 또한 루쉰(魯迅)의 특별 강의로 북경대학 안팎의 많은 학생들이 학교로 몰려드는 그 어느 때보다 활기가 넘치는 곳이었다. 그럼에도 불구하고 당시 북경대학의 분위기를 활기가 없다는 식으로 논평을 한 것은 아마도 어떤 정치적 의도를 은폐하기 위한 담론적 수사가 아니었을까 짐작된다. 당시 심훈은 한 계절도 머무르지 않은 채 북경에서의 계획된 짧은 일정을 마치고 상해로 떠나야 하는 명분을 만들기 위해 의도적으로 북경대학의 분위기를 그런 식으로 몰아가는 거짓 진술을 한 것으로 볼 수 있다. 하상일, 「심훈과 중국」, 58쪽.

13) 「無錢旅行記 – 北京에서 上海까지 –」, 『전집』 3, 506~507쪽.

14) 항주에 있을 때 그의 아내 이해영에게 보낸 편지에서 심훈은 구체적인 사실까지는 밝히지 않았지만 당시 상당한 어려움에 직면해 있었음을 직접적으로 언급했다. "그동안 지난 일과 모든 형편은 어찌 다 쓸 수 있으리까마는 고통도 많이 당하고 모든 일이 마음 같지 않아 실패도 더러 하였으며 지금도 마음 상하는 일은 많으나 그 대신 많은 경험도 하였고, 다 일시의 운명이라 인력으로 어찌 하리까마는 그대의 간곡한 말씀과 같이 결코 낙심하거나 실망할 리 없으며 또는 그리 의지가 박약한 사나이는 아니니 아무 염려 말아 주시오. 다만 내가 무슨 공부를 목적삼아하며, 그것이 어떤 학문이며 장차 어찌해야 할 것인데 지금 내 신세는 어떠하며, 어떤 길을 밟아나아가서 입신하고 출세하려 하는가 하는 데 대하여 그대에게 자세히 알게 하여 드리지 못함은 참으로 큰 유감이외다." 「나의 지극히 사랑하는 해영씨!」, 『전집』 3, 616쪽.

두 어깨 웅숭그린 년놈의 떠드는 세상,
집집마다 痲雀판 두드리는 소리에
鴉片에 취한 듯 上海의 밤은 깊어가네.

발벗은 少女, 눈먼 늙은이를 이끌며
구슬픈 胡弓에 맞춰 부르는 孟姜女 노래,
애처롭구나! 客窓에 그 소리 腸子를 끊네.

四馬路 五馬路 골목 골목엔
'이쾌양듸 량쾌양듸' 人肉의 저자
단속옷 바람으로 숨바꼭질하는 야 — 지의 콧잔등이엔
梅毒이 우글우글 惡臭를 풍기네

집 떠난 젊은이들은 老酒잔을 기울여
걷잡을 길 없는 鄕愁에 한숨이 길고
醉하여 醉하여 뼈속까지 醉하여서는
팔을 뽑아 長劍인 듯 내두르다가
菜館 소파에 쓰러지며 痛哭을 하네.

어제도 오늘도 散亂한 革命의 꿈자리!
용솟음치는 붉은 피 뿌릴 곳을 찾는
'까오리' 亡命客의 심사를 뉘라서 알고
影戲院의 산데리아만 눈물에 젖네.

— 「上海의 밤」 전문[15]

서구적 근대와 제국주의적 근대가 착종된 1920년대 상해의 어두운 밤을 적나라하게 보여주는 작품이다. "두 어깨 웅숭그린 년놈의 떠드는 세상,/집집마다 痲雀판 두드리는 소리에/鴉片에 취한 듯 上海의

15) 『그날이 오면』, 149~151쪽.

밤은 깊어가네."라는 데서 알 수 있듯이, 당시 상해의 모습은 마작, 아편, 매춘 등이 난무하는 자본주의적 모순 공간으로서의 폐해를 그대로 노출하고 있었다. 특히 "四馬路 五馬路 골목 골목"(지금의 푸저우루〈福州路〉와 화이하이중루〈淮海中路〉)은 수많은 희원(戱院 : 전통극 공연장)과 서장(書場 : 사람을 모아 놓고 만담, 야담, 재담을 들려주는 장소), 다관과 무도장, 술집과 여관 등이 넘쳐 났고, 유명한 색정 환락가로 기방들이 줄지어 들어서 있어 떠돌이 기녀들이 엄청난 무리를 이루어 호객을 하는 곳이었다. 식민지 현실을 극복하는 독립운동의 기지로서 열렬히 동경했던 국제적인 도시 상해는 "老酒잔을 기울여 / 건잡을 길 없는 鄕愁에 한숨"만 나오게 하는, "醉하여 醉하여 뼈속까지 醉하여서는" "菜館 소파에 쓰러지며 痛哭을 하"게 만드는 절망의 악순환을 경험하게 할 뿐이었다. 그가 진정으로 동경했던 상해는 조국 독립의 혁명을 가져오는 성지가 아니라 "어제도 오늘도 散亂한 革命의 꿈자리!"가 난무하는 곳이었으므로, 화자는 "'까오리'(고려) 亡命客"으로서의 절망적 통한(痛恨)에 괴로워할 수밖에 없었던 것이다.[16]

결국 그는 상해를 떠나 항주에 머물면서 조국으로 돌아갈 기회를 계속해서 모색했다. 하지만 그 기회는 쉽게 찾아오지 않아서 중국에서 지내는 동안 가장 오랜 시기를 항주에 있어야만 했다. 심훈에게 항주는 "第二의 故鄕"[17]이라고 스스로 말할 정도로 아주 특별한 곳이었지만, 그는 항주에서 지내던 일들이나 지강대학에서의 일들에 대한 기록을 전혀 남기지 않아 구체적인 활동 사항을 파악하기는 힘들다. 다만 심훈의 항주 시절은 식민지 조선 청년으로서의 신념보다는 중국

16) 하상일, 「심훈의 중국에서의 행적과 시세계의 변화」, 214쪽.

17) 『그날이 오면』, 153쪽.

에서 겪은 현실적 절망과 회의를 극복하는 과정이었을 것으로 짐작될 뿐이다. 그가 항주에서 쓴 〈杭州遊記〉 연작이 역사적 주체로서의 자각보다는 조국을 떠나 살아가는 망향객으로서의 비애와 향수 등 개인적인 정서를 두드러지게 표면화시켰다는 사실이 이러한 점을 뒷받침한다. 하지만 이러한 시의 두드러진 변화는 '정치적'인 것으로부터의 좌절에서 비롯된 것이라는 점에서, '정치적'인 것의 탈각이 아니라 '정치적'인 것에 대한 성찰의 문제로 접근하는 것이 바람직하다. 즉 표면적으로는 개인적 서정성의 극대화처럼 보이지만, 심층적으로는 당시 중국 내의 사회주의 독립운동의 분열과 갈등이라는 정치적 상황에 대한 비판을 내면화한 시적 전략을 은폐하고 있는 것으로 이해할 필요가 있는 것이다.

3) 새로운 시대에 대한 열망과 식민지 모순에 맞서는 문학적 실천

심훈은 1923년 대략 만 2년 남짓 되는 중국에서의 순탄치 않은 여정을 끝내고 지강대학을 졸업하지도 않은 채 서둘러 귀국하였다. 지금까지의 논의에서 심훈이 중국으로 떠난 시점에 대해서는 몇 가지 논란이 있어 앞으로 실증적인 자료를 보완하여 좀 더 면밀한 검증을 해야겠지만, 대체로 귀국 시점이 1923년이라는 견해에는 별다른 이견이 없어 보인다.[18] 그의 갑작스런 귀국은 중국 내 사회주의 독립운동

18) 안종화의 『韓國映畵側面秘史』(춘조각, 1962. 12.)에 의하면, 〈土月會〉 제2회 공연(1923년 9월)에 네프류도프 역을 맡은 초면의 안석주에게 심훈이 화환을 안겨준 인연으로 그들은 평생에 가장 절친한 동지로 지내면서 이후 문예, 연극, 영화, 기자 생활 등을 같이 했다고 한다. (유병석, 「심훈의 생애 연구」, 『국어교육』 제14호, 한국국어교육연구회, 1968, 14쪽 참조) 또한 그는 『沈熏詩歌集 第一輯』을 묶으면서 「밤」을 서시(序詩)로 두었는데, 이 시 말미에 "1923년 겨울 '검은돌' 집에

의 분파주의와 내부 갈등에 대한 절망과 회의로 더 이상 중국에 머물러 있어야 할 이유가 없다는 자기성찰의 결과였다. 조국으로 돌아와 기자 생활을 하면서 영화와 문학 창작 활동 등 다양한 분야에서 자기만의 방식으로 독립운동을 전개하겠다는 새로운 결심을 했던 것으로 이해할 수 있다. 귀국 이후 최승일, 나경손, 안석주, 김영팔 등과 교류하면서 신극연구단체인 〈극문회〉를 조직하고, 1924년 〈동아일보〉 기자로 입사하여 당시 신문에 연재 중이던 번안소설 「美人의 恨」후반부 번안을 맡기도 한 것은, 이러한 새로운 결심을 구체적으로 실천하기 위한 기본적 토대를 마련하고자 한 데 있었다.

이처럼 심훈에게 있어서 중국에서의 귀국은 새로운 시대를 열어가고자 하는 문학적 열망을 실천하는 결단이었다. 그는 지난 시대의 어두운 역사를 청산하기 위해서는 지금의 현실을 모조리 갈아엎는 파괴와 전복의 과정이 반드시 필요하다고 보았다. 그래서 그는 당대의 현실을 일시에 혼란에 빠뜨리는 "광란(狂瀾)"을 꿈꾸었다. "세상은 마지막이다", "땅 위의 모든 것을/ 부신듯이 씻어버려라!", "모든 거룩하다는 것 위에/ 벼락불의 세례를 내려라."와 같은 세상의 혼란과 혼돈이 오기를 극단적으로 기원했던 것이다.

> 불어라, 불어!
> 하늘 꼭대기에서
> 내리 질리는 하늬바람,
> 땅덩이 복판에 자루를 박고
> 모든 것을 휩싸서 핑핑 돌려라.

서"라고 써두었다. '검은돌'은 그가 태어난 고향으로 지금의 '흑석동'을 말한다. 그러므로 아무리 길게 잡아도 1923년 여름 이전에는 이미 귀국했을 것이다.

머릿속에 맷돌이 돌듯이
세상은 마지막이다, 불어오너라.

(중략)

불이야 불이야!
粉바른 계집의 얼굴을 끄스르고
'당신을 사랑합니다' 하는
조동아리를 지져 놓아라!
길로 쌓인 人類의 歷史를
첫 페이지부터 살라버리고
千万巻 거짓말의 記錄을
모조리 깡그리 태워버려라.

(중략)

불길이 휠휠 날으며
온 地球를 둘러쌌다,
새빨간 혀끝이 하늘을 핥는다,
모든 것은 죽어버렸다,
永遠히 永遠히 죽어버렸다!
名譽도 慾望도 權力도 野蛮도 文明도 ……

바람소리 빗소리!
해가 떨어지고 별은 흩어지며
땅이 울고 바다가 끓는다.
모든 것은 元素로 돌아가고
남은 것이란 희멀건 空間뿐이다.

오오 이제까지의 人類는 滅亡하였다!
오오 오늘까지의 宇宙는 開闢하고 말았다!

– 「狂瀾의 꿈」 중에서[19]

---

19) 『그날이 오면』, 100~106쪽.

귀국 직후 발표한 시로 다소 관념적이고 감상적인 인식을 엿보이기는 하지만, 중국에서 돌아온 그가 조국을 어떻게 바라보았으며 새로운 시대에 대해 얼마나 열망하고 있는지를 충분히 알 수 있게 한다. "人類의 歷史"와 "거짓말의 記錄"을 모두 불태워 버리겠다는 단호한 의지는 그가 지난 시대의 역사에 대해서 얼마나 불신하고 있는지를 잘 보여준다. 그래서 그는 "모든 것은 죽어버렸다"고 단언하면서 당대의 현실을 "名譽도 慾望도 權力도 野蛮도 文明도" 죽어버린 허상에 지나지 않는다는 뼈아픈 성찰을 이끌어낸다. 결국 "모든 것은 元素로 돌아간" "희멀건 空間뿐"인 세계에서 화자는 새로운 꿈을 꾸며 다시 시작하고자 한다. 그 꿈이 무엇을 의미하는지 정확히 알 수는 없지만, 화자가 직면한 모순의 시대를 넘어서는 어떤 새로운 가능성의 세계를 지향했던 것만은 분명하다. 파괴와 전복의 시대정신으로 절망과 회의로 가득했던 중국에서의 생활을 온전히 극복하고, 다시 돌아온 조국에서 식민지 모순에 맞서는 새로운 희망을 열어가고자 하는 강한 의지를 역설적으로 표명한 것이라고 할 수 있다.

> 높은 곳에 올라 이 땅을 굽어보니
> 큰 봉우리와 작은 뫼뿌리의 어여쁨이여,
> 아지랑이 속으로 視線이 녹아드는 곳까지
> 오똑오똑 솟았다가는 굽이져 달리는 그 산줄기
> 네 품에 안겨 뒹굴고 싶도록 아름답구나.
>
> 소나무 감송감송 木覓의 등어리는
> 젖 물고 어루만지던 어머니의 허리와 같고
> 삼각산은 敵의 앞에 뽑아든 칼끝처럼
> 한번만 찌르면 먹장구름 쏟아질 듯이
> 아직도 네 氣象이 凜凜하구나.

에워싼 것이 바다로되 물결이 성내지 않고
샘과 시내로 가늘게 繡놓았건만
그 물이 맑고 그 바다 푸르러서
한 모금 마시면 한 百年이나 壽를 할 듯
퐁퐁퐁 솟아서는 넘쳐넘쳐 흐르는구나.

할아버지 주무시는 저 山기슭에
할미꽃이 졸고 뻐꾹새는 울어예네
사랑하는 그대여, 당신도 돌아만 가면
저 언덕 위에 편안히 묻어드리고
그 발치에 나도 누워 깊은 설움 잊으오리다.

바가지쪽 걸머쥐고 집 떠난 兄弟,
거치른 벌판에 강냉이 이삭을 줍는 姉妹여,
부디부디 白骨이나마 이 흙 속에 돌아와 묻히소서.
오오 바라다볼수록 아름다운 나의 江山이여!

— 「나의 江山이여」 전문[20]

화자에게 다시 돌아온 조국은 "아름다운 나의 江山"이고 "白骨이나마 이 흙 속에 돌아와 묻히"고 싶은 영원한 고향이다. 하지만 식민의 현실은 너무나 가혹하여 민족구성원 모두가 이러한 아름다움을 느껴보지도 못한 채 참혹한 생활을 이어가거나 조국을 떠나 먼 타국에서 조국의 독립을 염원해야만 하는 신산한 삶을 살아가고 있을 따름이다. "바가지쪽 걸머쥐고 집 떠난 兄弟,/거치른 벌판에 강냉이 이삭을 줍는 姉妹"와 같은 현실이 언제 끝날지도 모를 상처와 고통을 깊이 새기고 있었던 것이다. 하지만 화자는 "네 품에 안겨 뒹굴고 싶"고, "젖 물고 어루만지던 어머니의 허리와 같"은 조국에 돌아와 살 수

20) 『그날이 오면』, 27~29쪽.

있다는 것만으로도 얼마나 소중한가를 절감한다. 그리고 "敵의 앞에 뽑아든 칼끝처럼" "氣象이 凜凜"한 산과 "한 모금 마시면 한 百年이나 壽를 할 듯/퐁퐁퐁 솟아서는 넘쳐넘쳐 흐르는" 바다를 바라보면서 결코 희망을 끈을 놓지 않는다. 비록 돌아온 조국은 여전히 식민의 땅이었지만 "그 발치에 나도 누워 깊은 설움 잊으오리다"에서처럼 "설움"을 극복하는 새로운 가치를 발견하고자 했던 것이다.

이러한 심훈의 새로운 시대에 대한 열망은 사실 중국에서의 절망과 회의를 반드시 넘어서야 한다는 일종의 강박에서 비롯된 것이었다. 또한 1920년대 중반 점점 더 가혹해져가는 식민의 현실에 대한 내면의 저항으로서의 역설적 의지를 강하게 표현한 것으로도 이해할 수 있다. 그 결과 시적 주체의 감정적 태도가 과도하게 부각되어 대상과의 시적 거리 조정을 적정하게 유지하지 못함으로써 관념적이고 직정적인 시의 한계를 노출하고 있기도 하다. 이런 점에서 귀국 직후 그가 쓴 시는 감상적이고 관념적인 현실 인식을 크게 벗어나지 못한 당위적인 시가 대부분이었다. "아아 기나긴 겨울밤에/가늘게 떨며 흐느끼는/고달픈 영혼의 울음소리/별 없는 하늘밑에 들어줄 사람 없구나"(「밤」), "짝잃은 기러기 새벽 하늘에/외마디소리 이끌며 별밭을 가네/단 한잠도 못맺을 기나긴 겨울밤을/기러기 홀로 나홀로 잠든 天地에 울며 헤매네"(「짝 잃은 기러기」)와 같은 절망적 탄식이 그의 시의 주된 정조가 되었던 것이다.

하지만 심훈의 시는 1920년대 후반에 접어들면서 자신이 처한 식민의 현실에 대한 뚜렷한 인식의 전환을 보인다. "이게 자네의 얼굴인가?/여보게 朴君, 이게 정말 자네의 얼굴인가?"(「朴君의 얼굴」)라는 목소리에서 강렬하게 드러나듯이, 조국 독립을 위해 싸우다 죽은 친구의 죽음 앞에서 오열하기도 하고, "조선은 마음 약한 젊은 사람에게 술을 먹인다/입을 벌리고 독한 술잔으로 들이붓는다"(「조선은 술을 먹인다」)고 말함으로써 조선 청년들을 왜곡시켜 현실에 안주하게 만드는 식민지 현실에 대한 직접적인 비판을 서슴지 않는다. 다시 말해 그의 시는 역사적 주체로서 당대의 현실을 더욱 분명하게 직시함으로써 식민지 모순에 맞서는 저항적 실천의 자세를 다시 한 번 곧추세우는 것이다.

> 궂은 비 줄줄이 내리는 黃昏의 거리를
> 우리들은 同志의 棺을 메고 나간다.
> 輓章도 銘旌도 세우지 못하고
> 壽衣조차 못 입힌 屍体를 어깨에 얹고
> 엊그제 떠메어 내오던 獄門을 지나
> 철벅철벅 말없이 舞鶴재를 넘는다.
>
> 비는 퍼붓듯 쏟아지고 날은 더욱 저물어
> 街灯은 鬼火같이 껌벅이는데
> 同志들은 옷을 벗어 棺 위에 덮는다.
> 平生을 헐벗던 알몸이 추울상 싶어
> 얇다란 널조각에 비가 새들지나 않을까 하여
> 단거리 옷을 벗어 겹겹이 덮어준다.
>
> 同志들은 如前히 입술을 깨물고
> 고개를 숙인 채 저벅저벅 걸어간다.
> 親戚도 愛人도 따르는 이 없어도
> 저승길까지 지긋지긋 미행이 붙어서
> 弔歌도 부르지 못하는 산송장들은
> 棺을 메고 철벅철벅 舞鶴재를 넘는다.

— 「輓歌」 전문[21]

21) 『그날이 오면』, 123~125쪽.

인용시에는 죽은 동지의 장례를 치르는 사람들의 안타까운 슬픔이 온전히 담겨 있다. "궂은 비 줄줄이 내리는 黃昏의 거리", "비는 퍼붓듯 쏟아지고 날은 더욱 저물어"와 같은 상황에서 현실의 가혹함이 그대로 드러나고, "輓章도 銘旌도 세우지 못하고/壽衣조차 못 입힌 屍体를 어깨에 얹고" 망자(亡者)를 떠나보내는 살아남은 동지들의 울분이 느껴진다. "平生을 헐벗던 알몸이 추울상 싶어" "단거리 옷을 벗어 겹겹이 덮어"주는 마음밖에는 아무 것도 할 수 없는 "동지"들의 슬픔은 어떤 곡(哭)소리보다도 애잔하고 구슬프다. "저승길까지 지긋지긋 미행이 붙어서/弔歌도 부르지 못하는" 엄혹한 현실 앞에서 "산송장"처럼 침묵하고 있을 수밖에 없는 자신들에 대한 원망도 가득하다. 하지만 이러한 처절한 경험은 "입술을 깨물고"라는 데서 유추할 수 있듯이, 앞으로 자신들이 무엇을 해야 하는지를 깨닫는 굳은 결의를 가슴 깊이 새기게 한다. 동지의 마지막 모습조차 올곧게 지켜주지 못하는 모순된 현실에 더 이상 무기력한 존재로 남아 있어서는 안 된다는 뼈아픈 통찰을 하고 있는 것이다. 심훈이 죽은 친구들을 향해 바친 조시(弔詩)에서 "오냐 朴君아/눈은 눈을 빼어서 갚고/이는 이를 뽑아서 갚아 주마!/너와 같이 모든 X를 잊을 때까지/우리들의 心臟의 鼓動이 끊길 때까지."(「朴君의 얼굴」)[22]라고 강한 어조로 말했던 것도 바로

22) 이 시는 심훈이 박열, 박순병, 박헌영 세 친구를 생각하며 쓴 시이다. 박열과 박헌영은 심훈과 경성고보 동창생이었고 박순병은 시대일보사에서 같이 근무했던 친구였는데, 박열은 '천황 암살 미수사건'으로 무기형을 선고받아 복역하고 있었고, 박순병은 조선공산당 사건으로 구속되어 취조 중에 옥사했으며, 박헌영은 조선공산당 사건으로 구속되어 있었다. 심훈은 1927년 11월 22일 병보석으로 출감하는 박헌영의 처참한 모습을 보면서 이 시를 썼던 것으로 보인다. 특히 박헌영은 심훈 자신이 독립운동을 위해 따라가야 할 이정표와 같은 존재

이러한 결의를 담은 의지적 행동이었다고 볼 수 있다.

심훈은 일본에서 영화 공부를 하고 돌아온 1920년대 후반에 이르러, 지난 시절 자신의 사회주의 사상 형성과 독립운동에 많은 영향을 미쳤던 중국에서의 생활을 객관적으로 인식하고 성찰하는 시간을 가졌다. 특히 상해 체류 당시 해외 독립운동을 바라보며 느꼈던 비판적 인식을 토대로 장편소설『동방의 애인』을 써서〈조선일보〉에 연재하기도 했다. 하지만 이 작품은 일제의 검열로 인해 연재가 중단되어 완성을 이루지 못했고[23], 이후〈조선일보〉에 연재한『불사조』마저 검열을 통과하지 못해 게재 정지 처분을 받고 말았다. 미완의 장편소설『동방의 애인』과『불사조』는 1920년대 후반에서 1930년대로 넘어가면서 심훈이 어떤 사상적 변화를 겪었는지 그 궤적을 유추하는 데도 커다란 의미가 있을 뿐만 아니라, 당시 상해를 중심으로 전개되었던 사회주의 독립운동을 이해하는 데도 중요한 자료적 가치를 지녔다고 할 수 있는데 그 전모를 볼 수 없어서 안타까울 따름이다. 이처럼 연

였다. 1930년대〈조선일보〉에 연재하다 일제의 검열에 의해 중단된「동방의 애인」은 1920년대 상해를 무대로 활동했던 공산주의계열 독립운동 조직의 활약상을 담은 작품으로, 주인공 김동렬이 바로 박헌영을 모델로 했고 박진은 심훈 자신의 모습을 투영한 것으로 볼 수 있다. 하상일,「심훈의 중국에서의 행적과 시세계의 변화」, 210~212쪽 참조.

23) 심훈은『동방의 애인』연재 중단에 대한 안타까운 심경을 다음과 같이 직접 밝혔다. "『동방의 애인』을 執筆하는 동안은 平常時와 같은 喜劇的 態度를 버리고 찬 방에서도 손에 땀을 쥐며 썼다. 집貰錢이 몰려서 들어가지를 못하고 十余回는 公園벤취나 図書館 구석까지 原稿紙를 허리춤에 차고 다니며 繼續해 왔었다. 全力을 傾倒하여 빚어내보려던 貧弱하나마 내 정신의 子息이 不過 四十回에 非命의 夭折을 하고 만 것이다. 咄! 二重 三重의 檢閱網! 글줄이나 쓴다는 사람까지도 그와 같이 自相踐踏的 蹂躪까지 당하고 말 것인가?"『전집』3, 625쪽.

이어 두 번에 걸쳐 〈조선일보〉 소설 연재를 중지당한 것이 결정적인 계기가 되었던 것인지, 심훈은 이듬해 〈조선일보〉를 그만두고 경성방송국 문예담당으로 취직했지만 이곳 또한 사상 관계로 그만두어야만 했다. 1920년대 후반에서 1930년대 초반 심훈의 정치사회적 태도와 문학적 지향성이 그 어떤 시절보다도 저항적이고 실천적이었다는 사실은 심훈의 대표시로 알려져 있는 「그날이 오면」만 봐도 충분히 짐작할 수 있다.

그날이 오면 그날이 오며는
三角山이 일어나 더덩실 춤이라도 추고
漢江물이 뒤집혀 용솟음칠 그날이,
이 목숨이 끊기기 前에 와 주기만 하량이면,
나는 밤하늘에 날으는 까마귀와 같이
鐘路의 人磬을 머리로 들이받아 울리오리다.
頭蓋骨은 깨어져 散散 조각이 나도
기뻐서 죽사오매 오히려 무슨 恨이 남으오리까.

그날이 와서 오오 그날이 와서
六曹 앞 넓은 길을 울며 뛰며 뒹굴어도
그래도 넘치는 기쁨에 가슴이 미어질 듯하거든
드는 칼로 이 몸의 가죽이라도 벗겨서
커다란 북(鼓)을 만들어 들쳐매고는
여러분의 行列에 앞장을 서오리다,
우렁찬 그 소리를 한번이라도 듣기만 하면
그 자리에 거꾸러져도 눈을 감겠소이다.

– 「그날이 오면」전문[24]

---

24) 1930년 3월 1일 기미년독립만세운동을 기념하여 쓴 이 작품의 발표 당시 제목은 「斷腸二首」였고, 2연의 마지막 행이 "그 자리에 거꾸러져도 願이 없겠소이

조국 독립을 간절히 기원하는 화자의 심경을 고백체의 형식으로 담은 식민지 시대 대표적인 저항시이다. 1연에서 화자는 "그날이 오면"이란 가정법의 반복으로 죽음조차 두려워하지 않을 "그날"의 감격이 하루빨리 찾아와주기를 간절히 소망한다. "이 목숨이 끊기기 前에 와 주기만" 한다면, "밤하늘에 날으는 까마귀와 같이/鐘路의 人磬을 머리로 들이받아" "頭蓋骨은 깨어져 散散 조각이 나도/기뻐서 죽사오매 오히려 무슨 恨이 남으오리까."라고 말하는 데서 그의 독립에 대한 열망을 온전히 느낄 수 있다. 또한 2연에서는 가정을 현실로 앞당기는 당위적인 어법으로 "이 몸의 가죽이라도 벗겨서/커다란 북을 만들"겠다는 식의 극단적인 비유를 들어 조국 독립의 감격을 앞당기고 싶은 절박한 심정을 토로했다. 즉 화자 자신이 독립운동의 선봉을 울리는 "북"이 되어 그 누구보다도 앞장서 나아가겠다는 결연한 의지를 보여주었던 것이다. 이처럼 심훈은 「그날이 오면」에서 조국의 독립을 이루기 위한 일이라면 자신의 죽음조차 전혀 두려워 할 것이 없다는 강인한 의지를 표방하는 데 조금의 주저도 없었다. "우렁찬 그 소리를 한번이라도 듣기만 하면/그 자리에 거꾸러져도 눈을 감겠소이다."에서 강렬하게 드러나듯이, 새로운 시대에 대한 열망과 식민지 모순에 맞서는 저항적 실천이 절정에 이른 심훈 시의 궁극적 세계를 가장 선명하게 보여주었던 것이다.

다."로 되어있었는데, 발표 이후 심훈 자신이 제목과 마지막 행을 고쳐 시집으로 묶었다. 『그날이 오면』, 32쪽.

4) 식민지 검열 우회의 전략과 시조 창작의 정신

심훈은 1931년 사상 문제로 경성방송국을 그만둔 이후 서울에서의 모든 일을 정리하고 1932년 그의 부모님이 계신 충남 당진군 송악면 부곡리로 내려갔다.[25] 이 때 그는 그동안 썼던 시를 모아서 시집『그날이 오면』을 출판하려고 준비했으나 일제의 검열을 통과하지 못해 시집 출간을 이루지 못했다. 이처럼 1930년대 들어서면서부터 그의 삶과 문학에 밀어닥친 사상 검열은 아마도 그의 삶이 표면적으로는 역사와 현실의 전면으로부터 한 발짝 물러서도록 만드는 결정적 계기가 되었던 것으로 보인다. 그래서 그는 일제의 검열이 자신의 문학 활동을 여지없이 가로 막는 상황에서 자신의 사상적 지향성을 일정하게 유지하면서도 검열을 통과할 수 있는 우회적 방법을 모색하지 않을 수 없었다. 따라서 이전에 발표했던 시「그날이 오면」과 소설「동방의 애인」,「불사조」등이 일제의 검열을 통과하지 못해 완성된 세계를 창출해 내지 못했다는 현실적 한계를 넘어서기 위해, '국가'를 '고향'으로 변형시켜 계몽적 주체의식을 표면화시키는 현실 대응 전략을 전면화했다. 이런 점에서「상록수」로 대표되는 그의 후기 소설 역시 단순히 계몽의 서사로만 읽어낼 것이 아니라 식민지 내부에서 허용 가능한 사회주의 서사의 변형 혹은 파열로 이해하는 문제의식을 가질 필요가

---

25) 류양선은 당시 심훈의 낙향 이유로 사회적 요인과 개인적 요인 두 가지를 언급했다. "첫째, 사회적 요인으로서 1931年 만주사변 이래 위축된 KAPF의 활동 대신 각 신문사를 중심으로하녀 '브 ― 나로드' 운동이 크게 일어났다는 점이고, 둘째, 개인적인 이유로서 都市生活에 혐오감을 느끼고 있던 沈熏이 1930年 安貞玉과 再婚하여 가정의 안정을 찾은 후 새로운 출발을 결심하게 되었다는 점이다."「심훈론」,『관악어문연구』 제5집, 서울대 국어국문학과, 1980, 52쪽.

있다.[26] 즉 1930년대 심훈의 창작 의식은 식민지 검열을 넘어서는 우회의 전략으로 당대 사회의 모순을 직간접적으로 비판하는 저항적 의도를 내재하고 있었다고 보아야 하는 것이다. 「永遠의 微笑」, 「織女星」, 「常綠樹」 등 그의 대표 소설은 바로 이러한 변화된 창작 의식을 토대로 완성된 작품들이다.

이러한 변화는 시 분야에서는 시조 창작으로 집중되었음을 특별히 주목할 필요가 있다. 자연과 고향을 주요 제재로 삼는 시조 장르의 본질적 특성은 화자가 직면한 식민지 모순을 우회적으로 담아냄으로써 검열 체계로부터 비교적 자유로울 수 있는 아주 유효한 장르로 인식되었기 때문이다.

> 머슴애 거동 보소 하라는 나문 않고
> 잔디밭에 다리 뻗고 청승맞게 피리만 부네
> 무엇이 시름겨워서 마디마디 꺾느냐.
>
> – 「버들 피리」전문[27]

> 누더기 단벌 옷에 비를 흠뻑 맞으면서
> 늙은이 전대 차고 집집마다 동냥하네
> 기나 긴 원수의 봄을 무얼 먹고 산단말요.
> 당신이 거지라면 내 마음 덜 상할걸
> 엊그제 떠나갔던 박첨지가 저 꼴이라
> 밥 한 술 얻어먹는 罪에 얼굴 화끈 다는구료.
>
> – 「원수의 봄」전문[28]

26) 이러한 문제의식에 대한 자세한 논의는, 한만수, 「1930년대 '향토'의 발견과 검열우회」, 『한국문학이론과비평』 30집, 한국문학이론과비평학회, 2006, 379~402면 참조.

27) 『전집』 1, 33~34쪽.

28) 『전집』 1, 34쪽.

심훈의 시조 창작 정신은 국가적이고 공동체적인 정치성의 밑바탕 위에 식민지 검열을 우회하여 당대 사회의 모순을 비판하는 데 근본적 토대가 있었다. 인용시는 "1933년 4월 8일 당진에서"라고 창작 시기가 명시되어 있는 〈農村의 봄〉 연작으로, 농촌의 일상과 풍경을 선경후정(先景後情)의 전통적 시조 원리에 응축해 놓은 작품이다. 1920년대 역사의 중심에서 독립운동의 여정과 기자로서의 사회적 응시를 잠시 유보해두고 도시를 떠나 농촌으로 내려온 심훈 자신으로 대변되는 화자가 농촌의 정경에서 마주한 순간적 아름다움에 대한 감탄의 정서가 주된 시적 정조를 이루고 있다. 하지만 인용 부분에서 충분히 짐작할 수 있듯이, 화자는 전원으로서의 자연에 대한 경이로움보다는 그 속에서 살아가는 사람들의 고단함과 상처를 응시하는 데 더욱 집중한다. 즉 식민지 시대 농촌의 극심한 가난을 식민지 사회의 구조적 모순으로 읽어내려는 저항적 시선을 내재하고 있다. 하루하루 아무리 성실하게 노동에 매달려도 그 대가는 가난을 되물림 하는 것일 뿐이므로, 농촌 "머슴애"의 "버들 피리" 소리를 들으면서 "무엇이 시름겨워서 마디마디 꺾느냐."라고 연민의 시선을 보내지 않을 수 없는 것이다. 그래서 화자는 당시 농촌의 현실을 "누더기 단벌 옷에 비를 흠뻑 맞으면서/늙은이 전대 차고 집집마다 동냥하"는 "무얼 먹고 산단말요"라는 탄식이 절로 나오지 않을 수 없었던 "기나 긴 원수의 봄"으로 인식하게 된다. 그러므로 "당신이 거지라면 내 마음 덜 상할걸"이라고 조금은 냉소적으로 말하는 화자의 태도에는, 거지보다도 못한 삶을 살아가는 참혹한 현실을 직시하지 못하고 오로지 자연의 아름다움을 갈구하거나 그 속에서 평화로움만을 읽어내려 했던 식민지 내부의 시선에 대한 철저한 반성이 내재되어 있다. 화자가 "밥 한 술 얻어먹는

罪에 얼굴 화끈" 달아오를 수밖에 없는 것도 이러한 농촌 현실에 대한 비판적 성찰의 결과가 아닐 수 없는 것이다.[29]

아침

서리 찬 새벽부터 뉘집에서 씨아를 트나
우러르니 기러기떼 머리 위에 한 줄기라
이 땅의 무엇이 그리워 밤새가며 왔는고.

낮

볏단 세는 소리 어이 그리 구슬프뇨
싯누런 금 벼이삭 까마귀라 다 쪼는데
오늘도 이팝 한 그릇 못얻어 자셨는가.

밤

窓 밖에 게 누구요, 부스럭부스럭
아낙네 이슥토록 콩 거두는 소릴세
달밤이 원수로구려 단 잠 언제 자려오.

— 「近吟 三首」전문[30]

인용시는 식민지 농촌에서의 하루의 일상을 따라가면서 농민들의 고단한 노동의 아픔을 담아낸 작품이다. "서리 찬 새벽부터" "달밤"을 넘길 때까지 끝없이 이어지는 노동의 과정이 가난을 넘어서는 최소

29) 실제로 심훈은 "文化界에서 활동하고 있으면서도, 農村의 疲弊에 대하여 항상 慨歎"했었다고 한다.(이희승, 「序」, 『전집』 1, 10쪽.) 이런 점에서 그의 농촌에 대한 비판적 인식과 1930년대 이후 시조 창작의 정신은 아주 밀접한 관련성이 있다고 판단된다.

30) 『전집』 1, 35~36쪽.

한의 결과를 가져다주는 것이 당연함에도 불구하고, "오늘도 이팝 한 그릇 못얻어 자셨는가.", "볏단 세는 소리 어이 그리 구슬프뇨"와 같은 절망적 탄식만 더욱 가중시키는 당시 농촌의 모순된 현실에 대한 비판이 직접적으로 드러난다. 특히 "이 땅의 무엇이 그리워 밤새가며 왔는고."라고 하늘을 나는 기러기떼를 향해 외치는 소리는, 지독한 가난과 고통뿐인 현실을 견디며 살아갈 수밖에 없는 식민지 농촌 사람들의 애끓는 절규에 다름 아니다. 그럼에도 불구하고 밤이 "이슥토록 콩 거두는" "아낙네"들의 모습에서 현실에 맞서 싸우지도 못한 채 또 다시 자연에 순응하는 나약한 인간의 숙명을 발견하지 않을 수 없다. 화자가 "달밤"마저 "원수"와 같은 표상으로 바라볼 수밖에 없는 이유도 바로 여기에 있다.

시푸른 성낸 波濤 白沙場에 몸 부딪고
먹장구름 꿈틀거려 바다 위를 짓누르네
東海도 憂鬱한 품이 날만 못지 않구나.

풍덩실 몸을 던져 물결과 택견하니
조알만한 세상 근심 거품같이 흩어지네
물가에 가재 집 지으며 하루해를 보내다.

－「明沙十里」 전문[31]

海棠花 海棠花 明沙十里 海棠花야
한 떨기 홀로 핀 게 가엾어서 꺾었거니
네 어찌 가시로 찔러 앙갚음을 하느뇨.

31) 『그날이 오면』, 42쪽.

빨간 피 솟아올라 꽃 입술에 물이 드니
손 끝에 핏방울은 내 입에도 꽃이로다
바닷가 흰 모래 속에 토닥토닥 묻었네.

– 「해당화」 전문[32]

「明沙十里」는 "시푸른 성낸 波濤", "먹장구름"에서 알 수 있듯이 식민지 현실로 고통 받는 조국의 어두운 상황을 위협적인 자연의 모습으로 상징화하고 있다. 바닷가를 거니는 화자의 내면에 가득 찬 암울함을 알기라도 하는 듯, "白沙場에 몸 부딪"는 파도와 "바다 위를 짓누르"는 구름은 화자의 "憂鬱한 품"을 더욱 우울하게 할 뿐이다. 하지만 생명 본연의 모습을 간직해야 할 바다의 생명성마저 이미 온갖 상처와 고통에 신음하고 있다고 보는 화자의 현실 인식은 동병상련의 정서로 이러한 모순을 극복하고자 하는 의지로 구현된다. 즉 고통 받는 바다의 모습과 화자 자신의 모습을 동일성의 시선으로 바라봄으로써 바다 고유의 생명성을 다시 회복하고자 하는 소망을 담아내고 있는 것이다. 비록 우울한 바다의 품이지만 그 속에 "풍덩실 몸을 던져 물결과 택견하"는 일체화된 모습에서 당대 현실의 암울함을 극복하고자 하는 적극적인 태도가 엿보인다. 생명 본연의 가치를 잃어버린, 상실된 조국의 상징으로서의 자연의 모습과 온전히 하나됨으로써 "세상근심"을 다 흩어버리고 비로소 "물가에 가재 집 지으며 하루해를 보내"는 평화로움을 되찾고자 간절히 소망하는 것이다.

이러한 문제의식은 「해당화」에서도 그대로 드러나는데, "한 떨기 홀로 핀 게 가엾어서 꺾었"던 "해당화"가 그 깊은 마음은 아랑곳하지 않

32) 『그날이 오면』, 43쪽.

은 채 “가시로 찔러 앙갚음을 하”는 대결과 갈등이 극단화된 현실을 상징적으로 보여준다. 하지만 이 시에서도 화자는 극단적인 갈등의 결과로 남겨진 “핏방울”을 매개로 “꽃 입술”과 “내 입”에 동시에 맺힌 서로의 고통을 동일선상에서 바라보고 이해하게 한다. 다시 말해 인간과 자연의 오해와 갈등이 생명 본연의 아름다움과 연민의 정서마저 잃어버리게 만든 현실의 지독한 모순으로부터, 이러한 대립과 갈등이 결국에는 서로에게 모두 고통과 상처를 남기는 결과가 될 수밖에 없다는 진정성 있는 자기 성찰을 이끌어내는 것이다. 그러므로 화자는 “바닷가 흰 모래 속에” 상처 난 손가락을 “토닥토닥 묻”으면서 자연의 본성으로 인간의 모순을 치유하는 생명의 가치를 지향한다.

이처럼 심훈의 시조 창작에 내재된 자연 친화의 정신과 생명 의식은 식민지의 극한으로 치달았던 1930년대의 모순된 현실에서 개인적으로든 민족적으로든 생명 본연의 가치를 복원하고 지켜내려는 정신을 표방한 것이다. 비록 시조 장르의 특성상 주제적으로든 형식적으로든 소극적이고 우회적인 측면의 한계가 있지만, 그 안에 식민지 모순을 근원적으로 넘어서려는 저항정신이 내재되어 있었다는 점에서 오히려 적극적인 장르 선택으로 볼 수도 있을 것이다. 즉 식민지 근대의 모순을 극복하는 대안정신으로 생명 본연의 가치를 추구하는 시조 미학의 반근대적 저항성을 적극적으로 활용하려 했던 것이다. 따라서 1930년대에 집중된 심훈의 시조 창작 정신은 현실 정치의 대립과 갈등에서 비롯된 자기모순을 극복하는 새로운 문학적 방향을 실천하려는 구체적인 노력으로 이해할 필요가 있다. 다시 말해 심훈의 생애에서 후반부인 1930년대에 그가 시조 창작으로의 외적 변화를 시도한 것은, 표면적으로는 정치적 태도를 드러내지 않으면서도 심층적으로는 일제의 검열을 우회하려는, 즉 허용 가능한 방식으로 식민지 근대의 모순을 넘어서려는 정치적인 의도의 결과였다고 평가할 수 있는 것이다.

5) 맺음말

심훈은 1901년 태어나 1936년 타계하기까지 결코 길지 않은 삶을 살다 돌아갔다. 그의 전 생애에 걸쳐 식민지의 그늘은 짙게 깔려 있었고, 그는 이러한 현실을 회피하지 않고 당당하게 맞서는 적극적인 삶의 방식을 선택했다. 식민지 청년으로서, 그리고 문학과 영화를 사랑한 문학인으로서, 그의 생애는 언제나 식민지의 고통과 상처의 중심에 있었으므로 결코 순탄할 수 없었던 복잡한 삶의 연속이었다. 고등학교 시절 3·1독립만세운동에 참여하여 옥고를 치르고 난 후 만 이십 세의 나이로 중국행을 선택하고, 북경, 남경, 상해, 항주로 이어지는 혹독한 여정 속에서 걸출한 독립운동가들과의 교류를 이어갔으며, 귀국 이후에는 신문사 기자 활동을 하면서 중국에서 직접 겪고 보았던 독립 운동의 분파주의에 대한 비판적 성찰을 토대로 진정한 문학의 방향을 깊이 고민했고, 1930년대에는 낙향하여 일제의 검열을 우회하는 소설 창작에 전념했다. 이처럼 그의 생애는 한 순간도 편할 날이 없었던 격동의 식민지를 온전히 살아왔다고 해도 과언이 아니다.

본고는 이러한 심훈의 생애를 크게 세 시기로 나누고, 그의 시세계의 변화와 연속성을 통시적으로 살펴보았다. 첫째 시기는 1923년 중국에서 귀국하기 전까지로, 심훈의 사회주의 사상의 형성과 독립운동의 과정과 관련된 중국에서의 위장된 행로 그리고 그 과정에서 창작된 시 작품을 당시의 정치사회적 지형 속에서 의미를 찾아보았다. 둘째 시기는 중국에서 귀국하여 1930년대 초반 충남 당진으로 낙향하기 전까지로, 중국 상해를 중심으로 전개되었던 독립운동의 분파주의에 대한 절망과 회의를 극복하는 비판적 현실 인식을 토대로, 식민지 청년으로서 조선 독립을 위한 진정한 문학적 방향을 찾고자 했던 심훈의 강한 의지를 그의 시를 통해 읽어내고자 했다. 그 결과 심훈의 시는 1920년대 후반으로 가면서 저항성을 더욱 분명하게 드러내면서 「그날이 오면」이라는 시와 「동방의 애인」이라는 소설로 식민지 현실에 직접적으로 맞서는 결연한 태도를 보이게 되었던 것이다. 하지만 이러한 정치성의 전면화는 1930년대에 접어들면서 일제의 검열 강화에 노출될 수밖에 없었고, 결국 식민지 검열의 한계를 넘어서지 못하고 삭제되거나 연재가 중단되는 미완의 상태로 남게 되고 말았다. 따라서 그는 도시에서의 모든 생활을 접고 낙향한 셋째 시기에 이르러서는 '국가'를 '고향'으로 변형시켜 계몽적 주체의식을 표면화시킴으로써 이러한 현실적 한계를 극복하는 우회의 전략을 새로운 창작의 정신으로 표방하였다. 그의 대표 소설인 「상록수」가 바로 이러한 목적의식에서 비롯된 결과인 것처럼, 그의 시 역시 시조 장르를 의식적으로 선택함으로써 식민지 검열을 넘어서는 외적 변화를 적극적으로 모색했다.

심훈은 36년간의 짧은 생애에도 불구하고 전집 3권 분량의 많은 글을 남겼다. 시, 소설, 수필, 일기, 비평, 시나리오 등 다양한 분야에 걸쳐 그의 문학적 역량은 두드러진 성과를 거두었다. 하지만 지금까지 한국문학 연구는 심훈 연구에 상당히 인색했다고 하지 않을 수 없다. 사실 그의 대표작 「상록수」에 압도된 나머지 다른 작품들에 대한 논의는 거의 중심에 있지 못한 것이 사실이다. 특히 시, 시조, 산문, 비평 등에 대한 논의는 몇몇 논문에서 소략하게 언급되고 있을 뿐이다. 무엇보다도 심훈 연구의 기초적 토대인 정본으로 삼을만한 전집 발간이 아직까지 제대로 이루어지지 않았다는 점도 커다란 문제가 아닐 수 없다. 1966년 발간된 『沈熏文學全集』 세 권은 원본과의 엄밀한 대조 작업을 거치지 않아 오류가 아주 많고, 〈심훈기념사업회〉에서 발간한 『심훈문학전집 ① 그날이 오면』(차림, 2000) 역시 전집을 토대로 삼은 탓인지 여전히 오류가 고쳐지지 않은 채로 출간되어 결정본으로 삼기 어렵다. 본고의 연구 대상이었던 시의 경우에 한정하더라도, 생전에 그가 출간하려다 일제의 검열에 의해 중단되었던 『沈熏詩歌集 第一輯』(京城世光印刷社印行, 1932)이 일본 총독부 검열본 상태의 영인본으로 출간되었음에도 불구하고, 여전히 와전된 텍스트인 『그날이 오면』(1949년 발간, 1951년 한성도서출판주식회사에서 재간행)을 그대로 수록한 『沈熏文學全集』 1권을 주된 텍스트로 삼고 있어서 그동안의 심훈 시 연구는 원전 확정에서부터 상당히 많은 문제점을 노출했었다. 짧은 생애에도 불구하고 중국에서의 행적을 비롯한 그의 생애 전반에 대한 전기적 사실도 아직까지 미확인 상태로 남겨진 것이 많아서 그를 대상으로 한 시인론을 완성하는 데도 여러 가지 한계에 부딪치지 않을 수 없다. 앞으로 심훈 연구는 이러한 여러 가지 문제점을 하나하나 해결함으로써, 그의 문학 세계 전반에 걸친 다양한 연구가 확장되고 심화되기를 기대한다.

(『동북아문화연구』 49호, 2016. 12.)

3. 작품론

억압된 내면의 진정한 자아 찾기

– 한강, 이복구, 김연수의 소설

1) 억압된 소설 읽기의 괴로움

이제 소설의 시대는 사라졌는가. 루카치의 전언대로, 밤하늘의 별이 지도 역할을 하던 시대의 소설은 제 운명을 다하고 만 것인가. 더 이상 소설에는 길을 잃고 헤매는 문제적 개인의 형상이 드러나지 않고, 적대자와의 대립을 전면화한 사회적 양식으로서의 장르성도 무너져 버렸다. 전통적인 소설론과 창작론을 의도적으로 배반하는 새로운 지형에서 이전과는 전혀 다른 '새로운' 소설이 탄생하고 있는 것이다. 이를 일컬어 '소설'이라고 부를 수 있을 지에 대해서는 논자마다 의견이 분분한 것 같다. 그러나 정작 중요한 문제는 이러한 새로운 경향을 두고 소설이냐 아니냐를 따지는 데 있는 것이 아니라, 왜 최근 소설은 전통적인 소설론의 지형을 '의도적'으로 배반하고 있는지 그 숨겨진 전략을 밝히는 데 있다. 소위 '새로운' 경향의 소설이 보편적 소설 지형을 뛰어 넘어 '탈(脫)' 혹은 '반(反)'의 전략을 내세우는 궁극적 논리를 찾아내는 것이 무엇보다 중요한 과제인 것이다.

그런데 이러한 소설 읽기의 방향을 설정하는 순간부터 소설을 읽는 일은 그 자체로 더욱 괴로움을 배가시킬 뿐이다. 왜냐하면 이러한 소설 대부분이 배반의 의도와 전략을 전혀 드러내지 않거나 최소한의 소통조차 염두에 두지 않는 과잉된 자의식으로 일관하고 있기 때문이다. 지난 계절에 발표된 소설들을 통독하면서 필자는 내내 읽히지 않는 소설들의 억압을 견디지 않을 수 없었다. 이제 이런 것이 소설이라며 끊임없이 필자의 독법을 교정하려는 '새로운' 소설들의 억압은 결코 만만치 않았다. 아직도 루카치의 낡은(?) 소설론에 기대고 있기 때문인지, 전혀 소설 같지 않은 소설들을 오히려 소설로 강요하며 읽어야 하는 괴리와 모순은 소설 독법의 심각한 혼란을 가져오기에 충분했다. '새로움'에 대한 지독한 강박관념은 또 다른 '새로움'을 찾기에 급급할 뿐, 지금 자신이 취하는 '새로움'에 대해서는 어떠한 성찰도 하지 않고 있다. 아니 성찰의 기회를 가질 만한 시간적 여유조차 염두에 두지 않는 듯하다. 황국명의 지적대로, "새로운 작가의 새로운 소설은 새로움의 의미를 찾기도 전에 독자의 의식에서 '삭제'되고 매장에서 사라진다"(「한국소설의 최근 경향과 그 의미」, 『문학수첩』 2005년 가을호, 40쪽). 결국 '새로움'은 '소비'의 논리로 작용할 뿐 '생산'의 가능성을 크게 열어주지 못하고 있는 게 사실이다. 의도했든 안 했든 간에, 심지어 이러한 소설'만'이 진정한 '소설'이므로 앞으로 소설은 이렇게 써야 하고, 이런 소설을 그럴듯하게 읽어낼 줄 알아야만 진정한 비평이 될 수 있다는 무의식적 억압이 문단 여기저기에 상당히 유포되어 있음을 경계할 필요가 있다.

언젠가 어느 신문에서 '비평가도 안 읽는 비평'이란 말을 접하고 심한 자괴감에 빠진 적이 있다. '비평가도 못 읽는 비평'이라고 해야 더욱 정확한 말이 될 듯한데, 최소한의 비평의 본질과 역할조차 다하지 못하는 비평의 과잉된 자의식에 대한 준엄하고 냉정한 비판이 아닐 수 없다. 그렇다면 지금 소설은 누구를 위한 소설이라고 할 수 있을까? '비평가도 못 읽는 소설'을 읽는 독자는 도대체 누구란 말인가? 이쯤 되면 '소설가도 안 읽는 소설'이란 말이 나올 법도 하지 않는가? 지루한 요설과 파편화된 구조는 작가 나름의 개성과 특색을 발견하기 어려운 엇비슷한 작품들을 양산하고 있다. 굳이 작가와 작품의 특성을 계열화할 필요가 없는 엇비슷한 작품들의 양산은 그만큼 소설 읽기의 괴로움을 배가시키고 있는 것이다.

이런 와중에도 여전히 전통적인 소설의 운명을 지켜가고 있는 몇 편의 작품을 만날 수 있어서 더없이 다행스럽다. 이들 소설에는 모두 우리 시대의 억압을 상징적으로 풀어내는 진정한 자아 찾기의 과정이 담겨 있었다. 철저하게 개인화된 요즘 소설의 인물들과는 달리 사회와의 관계에서 비롯된 상처와 고통을 견뎌내는 문제적 개인의 고투(苦鬪)가 선명하게 새겨져 있는 것이다. 그들의 억압된 내면은 필자를 비롯한 우리 모두의 내면을 비추는 거울과도 같은 의미를 지니고 있다. 그래서 이들 소설을 읽는 독자들의 기대는 사뭇 진지하기만 하다. 주인공의 내적 행로를 따라가면서 자신의 내면을 투사하며 읽는 소설은 그 자체로 개인적인 동시에 사회적인 의미로 확장되기 때문이다. 이러한 '총체성'의 구현이야말로 우리 소설이 결코 놓치지 말아야 할 최소한 장르적 본질이 아닐까. 여전히 현실은 어두운 밤의 장막을 걷어내지 못하고 있는데, 골방에 갇혀 자신들만이 이해하는 소설을 쓰며 유희를 즐기는 것은 너무나 반사회적인 태도가 아닐 수 없다. 그래서 필자는 편향된 소설 독법의 한계를 무릅쓰고라도, 밤하늘의 '별'과 같이 어두운 시대의 '지도' 역할을 하는 소설이 더욱 왕성하게 창작되길 기대한다. 지난 계절의 소설을 두루 읽으면서, 한강, 이복구, 김연수의 소설에 눈길이 머문 이유도 바로 여기에 있다.

2) 일상적 자아의 허위성과의 싸움 : 한강, 「왼손」

한강의 「왼손」(『문학수첩』 2006년 가을호)은 일상적 자아의 표상인 '오른손'과 억압된 자아의 표상인 '왼손'이 대립하는 양가적 긴장을 통해 일상의 억압에 포섭된 본질적 자아의 내면을 담아내고 있다. 한 가족의 가장인 "그"는 "육중하고 시끄러운 동물에 대한 분노"(192쪽)를 발산하듯 그를 대하는 아내의 냉대와 무관심으로 인해 깊은 상처를 내면화하고 있는 인물이다. 현실 속에서 그를 이해해주고 위로해줄 만한 존재는 아무도 없다. 그는 아내와 아이로부터도 격리되어 있어 "서서히 체중이 빠졌고, 더욱 서서히 말수가 줄었"(193쪽)던 몸의 변화조차도 걱정해줄 사람이 전혀 없다. 그의 일상은 늘 허기진 자의 슬픔을 내면화하고 있지만, 가족을 위한 최소한의 의무를 다하기 위해서는 본질적 자아의 내면을 숨긴 채 허위적 자아의 모습으로 살아갈 수밖에 없다. 그러나 이러한 허위적 자아로서의 삶은 자아를 파멸시키고 타자와의 관계마저 파괴시키는 극단적인 양상을 초래할 가능성이 잠복되어 있다. 이러한 양가적 자아의 형상은 결국 왼손과 오른손으로 분리되어 "그의 왼손이 마치 나름의 의지를 가진 것처럼"(193쪽) 독립된 또 하나의 자아를 형성하는 자기분열의 양상을 초래하고 만다.

'왼손'의 자율성은 가족과 직장이라는 제도에 억압된 자아의 이성적 의지와는 무관하게 본질적 자아를 외재화하는 기능을 한다. 직장 상사의 폭언에 언제나 무기력할 수밖에 없었던 오른손의 일상과는 달리 왼손은 제도의 부당한 폭력과 언행을 결코 용서하지 않는 단호함을 지니고 있다. "왼손은 그의 말을 듣지 않"(196쪽)는 자율적인 하나의 개체이므로, 이성에 의해 판단되고 통제되는 오른손으로 이를 막는다는 것은 사실상 불가능하다. 어쩌면 이러한 양가적 지향이야말로 인간의 내면을 가장 진실하게 보여주는 태도라고 할 수 있다. 이미 우리가 사는 세상은 합리적 이성이 실현되기 어려운 온갖 불합리와 모순으로 가득 차 있고, 이러한 세계의 질서에 순응하며 살아야 하는 인간은 근원적으로 고독하고 상처투성이인 운명을 짊어질 수밖에 없다. 그렇다고 해서 왼손의 세계만이 진실이라고 강요할 수도 없는 것이, 왼손의 질서를 통해서만 사회가 관리되고 통제된다고 해도 여전히 문제는 해결되지 않기 때문이다. 그 역시 현상을 뒤집어 놓았을 뿐 결국은 또 다른 억압과 모순에 부딪칠 수밖에 없는 것이다. 결국 중요한 문제는 아무리 오른손의 이성이 세계의 질서를 규정한다고 하더라도 왼손의 진실을 억압하거나 거부하는 태도를 극단화해서는 안 된다는 데 있다. 왼손을 억압하면서부터 왼손의 진실은 파괴적이고 비이성적인 것으로 왜곡되어 버리기 때문이다. 어디까지나 왼손이 지향하는 세계는 오른손으로만 일상화된 혹은 강요된 이성적 질서의 허위성을 근본적으로 성찰하는 숨겨진 진실을 담고 있다는 사실을 결코 간과해서는 안 된다.

> 그는 웃으며 오른손을 내밀었다. 그녀도 오른손을 내밀었다. 그녀의 손은 여전히 작았다. 섬약한 뼈대가 만져졌고, 피부는 조금 거칠어진 것 같았다. 십 년 전 그녀의 사무실로 무작정 찾아갔을 때, 그는 마침내 그녀를 깨끗이 포기하기로 마음먹고 처음 악수를 청했었다. 그때 처음이자 마지막으

> 로 잡았던 손의 감각을 그는 잊지 않고 있었다. 그때와 꼭 같이, 그는 미지근한 미소를 머금은 채 오른손을 놓았다.
>
> 그의 왼손이 움직이기 시작한 것은 그가 막 돌아서려던 찰나였다. 몸 쪽으로 끌어당기고 말고 할 틈도 없이 왼손은 정확하고 기민하게 뻗어나가 그녀의 뺨에 얹혔다. 매끄러운 뺨의 감촉이 그에게 전해졌다. 그녀의 얼굴에서 웃음이 가셨다. 커다랗게 치켜뜬 눈에 밤 불빛들이 술렁였다. 그의 왼손은 번지듯 뺨에서 미끄러져 그녀의 섬세한 콧날을, 이마를, 눈두덩을 어루만졌다. 얼어붙은 듯 꼼짝도 하지 않는 그녀의 부드러운 입술에 닿았을 때에야 그의 왼손은 짧게 떨며 멈췄다. (201~202쪽)

우연히 버스 차창 밖으로 옛 연인을 발견한 그에게 왼손은 이성에 의해 억압된 진실을 되찾을 것을 요구했다. "그가 채 생각을 가다듬기 전에, 그의 왼손이 스멀스멀 하차벨을 향해 내밀어"(199쪽)졌듯이, 왼손의 세계는 이성적 판단이나 질서를 초월한 지점에서 억압된 내면의 진정한 자아를 되찾아 준다. "오른손"으로 이루어졌던 지난날 그들의 관계는 지나치게 이성적인 판단으로 규정된 허위적 관계였다. 내면의 진실과 외면의 형식은 상당한 괴리를 지니고 있어서 전혀 소통할 수 없는 허위성을 외재화할 뿐이었다. 그때와 마찬가지로 우연히 만난 그녀에게 내미는 지금의 오른손 역시 너무나 허위적이다. 따라서 지금 왼손은 이러한 허위적 태도를 용납하지 못하고, 과거에도 그랬던 것처럼 이성적 질서에 속박된 오른손의 허위성을 강력하게 제어하려 한다. 마치 "내 안에, 전혀 모르는 사람이 들어 있는 것 같은"(205쪽) 그녀의 경험과 마찬가지로, 이성의 족쇄로부터 해방된 그의 왼손은 오른손의 일상적이고 허위적인 관계로 인해 은폐된 본질적 자아의 해방을 실현하고자 하는 것이다.

하지만 이미 현실의 과도한 억압에 길들여진 자아는 왼손의 진실대로 행동하기에는 역부족이다. 왼손의 리비도적 욕망은 가장 순수한 인간의 근원성을 담고 있다고 할 수 있지만, 가족과 제도라는 이성적 질서 앞에서는 여전히 속악한 몸짓으로 받아들여질 수밖에 없는 것이다. "그녀의 손이 다급하게 그의 왼손을 제지"하고 "네 집으로 갈까?"(214쪽)라고 말하면서부터, 왼손과 오른손의 착종된 모순이 그에게 일상적 자아와 억압된 자아의 혼돈을 불러일으키는 것은 바로 이 때문이다. 따라서 왼손이 그의 얼굴에 가하는 폭력은 자해가 아니라, 억압된 자아가 허위적 세계에 길들여진 일상적 자아에게 가하는 정당한 폭력이라고 할 수 있다. 이러한 분열은 진정한 자아를 찾기 위한 과정임에도 불구하고, 이미 오른손의 세계에 길들여진 세계는 이러한 내면의 진실을 이해하지 못한다. 결국 왼손과 오른손의 양가적 대립은 진정한 인간의 관계마저 왜곡해 버림으로써 '왼손=비이성적/오른손=이성적'이라는 잘못된 공식을 더욱 견고하게 제도화하고 만다.

이처럼 「왼손」은 인간의 내면을 이루는 양가적 세계의 실체를 왼손과 오른손의 대립이라는 상징적 구도를 통해 아주 설득력 있게 전달하고 있다. 주지하다시피 인간의 무의식은 의식의 세계보다도 훨씬 넓고 깊은 세계를 은폐하고 있다. 이성과 제도라는 현실원칙에 의해 억압된 무의식적 자아의 내면은 현실의 허위성에 맞서 싸움으로써 끊임없이 수면 위로 부상하려고 한다. 이것이 현실 밖으로 분출되었을 때 자아의 분열은 더욱 가속화되고 인간 사회의 질서는 파괴될 수밖에 없다. 그렇다고 해서 이러한 욕망을 무조건 억압하고 통제해서도 안 되는 것이, 이를 억지로 통제하면 할수록 무의식적 자아의 파괴 욕망은 더욱 커지게 마련이기 때문이다. 따라서 이제 오른손으로 제도화된 이성적 세계는 억압되고 은폐된 왼손의 진실을 수용하는 것이 바람직하다. 왼손의 진실을 이 세계의 또 다른 질서로 인정하고 받아들이는 것이야말로 이성과 제도에 의해 억압된 인간의 내면에 숨겨진 진정한 자아를 찾는 과정이라고 할 수 있다.

3) 사슬에 길들여진 아이의 무의식 : 이복구, 「짖는 아이」

이복구의 「짖는 아이」(『작가와사회』 2006년 가을호)는 작가의 공력이 유감 없이 발휘된 작품이다. 1972년 『서울신문』으로 문단에 나온 이후, 그는 여느 작가에 비해 상당히 과작인 편이었고 최근에는 작품 발표가 더욱 뜸했던 터라, 그의 신작 소설은 여러모로 주목의 대상이 되지 않을 수 없다. 그런데 아니나 다를까 이번 소설은 그동안 그의 게으른 소설 쓰기를 한꺼번에 만회할 만큼 아주 뛰어난 역량을 발휘하였다. 지나치게 신변잡기적이고 일상화된 언어가 그대로 소설 언어로 둔갑해 버리기 일쑤인 최근 우리 소설의 과잉 생산을 냉정하게 질타라도 하는 듯, 한땀 한땀 소설의 문장과 구조에 공을 들인 흔적이 역력하다. 뿐만 아니라 어른들의 세계에 억압된 아이들의 내면을 알레고리적으로 엮어냄으로써 우리 사회의 제도화된 억압의 실체를 비판적으로 쟁점화한 문제의식도 깊이 새겨들을 만하다.

이 소설은 직장 생활을 하는 부모의 사정으로 인해 언제나 다른 사람의 보살핌 속에 지낼 수밖에 없는 유치원생 아이의 자의식을 따라가며 전개된다. 부모와 함께 지내는 시간이 전혀 없는 것은 아니지만, 어른들의 세계는 아이의 내면을 채워주는 따뜻한 품이 되지는 못한다. 그래서 아이는 또 다른 아이인 지수와 더불어 "베란다"에서 그들만의 세계를 만들어간다. 아이의 마음을 이해해주는 유일한 친구가 지수이며, 아이 역시 시험관 아이로 태어나 물을 좋아하는 지수의 내면에 물과 같은 역할을 해주는 존재이다. 그들은 어른들로 인해 생긴, 하지만 어른들은 그 이유조차 알지 못하는 "상처"를 공유하고 있다. 베란다의 세계는 순간적이나마 이러한 상처를 서로 어루만지며 가장 행복하게 교감을 나누는 공간으로 기능하는 것이다.

아이는 베이비 시터인 한 여자에게 맡겨진다. 아이는 그 여자의 자유로운 생활 반경 안에서 '양육'되는 것이 아니라 '훈육'된다. 아이를 내팽개친 채 호프집, 수영장, 노래방 등을 전전하며 그 여자가 자유를 만끽하고 있을 때, 아이는 그늘 밑에 내버려진 유모차 안에서 오줌을 싸고 울고 야단을 치다가 나중에 지쳐 잠들어 버린다. 여자가 잔뜩 모양을 내고 남자 허리에 매달려 외출을 할 때면 여자는 긴 비닐끈으로 아이를 묶어놓기도 했다. 그럴 때 아이는 우유를 빽어먹고 둘레를 빙빙 돌며 끈을 잡아당겨 자신을 갖고 노는 고양이의 놀이감이 되기도 했다.(110 – 111쪽) 결국 여자는 재래시장에서 자기를 대신해 아이를 감시하는 개를 사고, 아이의 목에 개의 사슬을 묶음으로써 아이에 대한 훈육을 본격화한다. 결국 "그날 그놈은 자유를 얻은 대신 나는 그놈의 구속을 떠맡"게 되었고, "그 놈은 내 꼬락서니가 한심하다는 듯 비웃음을 잔뜩 품고 나를 지긋이 바라보"는 아이와 개의 전도된 양상을 초래하고 만다. 이 때문에 아이는 "짖는 일이 습관화됐"고 "완전히 인간의 말을 잊"(112쪽)어 버려 개의 본능을 습득하며 자라게 된다. 이러한 끔찍한 경험은 아이의 의식 속에 영원히 씻을 수 없는 상처로 각인된다. "비 맞은 고양이와 건방진 개"와 더불어 살았던 과거의 경험은 그에게 고양이와 개처럼 짖고 싶은 충동을 내면화시켰던 것이다.

> 나는 첫날부터 그곳에서 짖고 싶은 충동에 시달렸다. 짖고 싶다면 내게는 그것이 가짜였다. 나는 아침마다 유치원에 가지 않겠다고 떼를 썼다. 엄마는 다른 아이들과 함께 생활하는 법을 배우지 않으면 안 되고 너는 계속 자랄 것이라고 말했다. 결국 나는 내 속에 있는 개를 이용하기로 했다. 백합반의 장기자랑이 있던 어느 날 나는 숨기고 있던 내 속의 개를 드러냈다. 나는 개가 배고플 때, 배가 불러 기분 좋을 때, 심심할 때, 심심해서 뭔가 원할 때, 기분이 나빠 누군가를 물고 싶을 때, 물고 나서 기분이 좋을 때, 자기 마음을 알아주지 않아 화가 났을 때, 자기 마음을 알아주어 고맙다그 느낄 때, 뭔가 작살내고 싶은 심정으로 어르렁 거릴 때, 자기보다 강자가 나타났을 때 알랑방귀를 뀔 대 등등을 비교해가며 짖어보였다. (115쪽)

유치원에 가게 된 아이는 또 다시 "유리로 된 그 강당"에 갇히고 말았다. "유리문 이쪽에서 보면 그곳에서 노는 아이들이 무척 평화롭고 행복해 보였"으므로, 어른들은 현대적 시설 속에서 양육되는 아이들의 환경에 무척 만족해했지만, 실제로 "유리로 둘러싸인 그 안쪽은 공기가 텁텁했고 끊임없이 풍기는 화공약품 냄새 같은 것이 풍겼으며 대단히 시끄러웠기 때문에 늘 머리가 지끈거렸다." 결국 아이의 눈에 비친 "그 소인국의 평화와 질서는 아이들을 위해 존재한다기보다 어른들에게 보여주기 위해 만들어졌고 아이들은 재료에 지나지 않았다."(114 – 115쪽) 아이가 첫날부터 그곳에서 짖고 싶은 충동을 느꼈던 것은 그 세계가 여전히 어른들의 의식에 의해 만들어진, 마치 자신을 묶어 둔 "사슬"과 같은 공간으로 인식되었기 때문이다. 따라서 유치원에서 장기자랑을 하듯 개처럼 짖는 아이의 행위는 더 큰 억압의 상징적 구조에 갇힌 아이의 내면의 저항을 보여준 것이라고 할 수 있다.

이처럼 이미 사슬에 길들여진 아이의 무의식은 인간을 짓밟거나 위협하는 폭력적 양상을 드러낸다. 유치원에서 지수가 골절상을 입는 우연한 사고가 발생하고 지수를 둘러싼 부모들의 불화가 심화되면서, 아이들은 다시 그들만의 세계인 '베란다'로 나와 "어른들의 얘기는 우울"하다고, "난 어른들을 신용 안해"(128쪽)라고 말한다. 지수에게 똑같은 사건이 재발하자 부모들은 더욱 심하게 다투게 되고 홀로 남겨진 지수는 베란다로 나가 22층 아래로 뛰어내리고 만다. 문제는 지수의 두 번째 골절상이 아이의 무의식 속에 내면화되어 있었던 "짖고 싶다는 충동"에서 비롯되었다는 사실이다. 아이의 마음을 유일하게 공유하고 있는 지수가 용대라는 다른 친구와 가까워진 모습을 보자마자 알 수 없는 야수성이 자신도 모르게 돌출되어 나온 것이다.

단음절의 욕설을 뱉어내며 개처럼 짖는 아이, 이는 어른들의 세계 안에서 억압되고 훈육된 아이의 정직한 내면을 형상화한 것이라고 할 수 있다.「짖는 아이」는 아이와의 진정한 소통을 외면한 채 어른들의 질서 안에서 아이를 훈육하려는 제도의 불합리와 모순을 비판한 것이다. 현대적으로 치장된 어른들의 욕망은 외형적으로는 그럴 듯한 구조를 지니고 있지만, 그 실상은 전혀 아이의 편에서 바라보지 않는 어른들의 허위성을 더욱 제도화한 것에 다름 아니다. 이러한 사회적 모순에 길들여진 아이가 말을 잃어버린 채 훈육된 개처럼 짖는 아이로 성장하는 것은 너무도 당연하다. 이미 "어른들은 베란다에 앉아 있는 아이들의 존재를 잊"(124쪽)어 버렸기 때문에 아이들의 내면을 전혀 이해하려 하지 않는다. 결국 아이는 짖는 행위를 통해서 어른들의 세계에 맞설 수밖에 없다. 억압은 또 다른 억압으로 되돌려 주어야 한다는 어른들의 세계가 이미 아이의 의식 속에 깊숙이 내면화되어 있었던 것이다. 그래서 아이는 지수의 죽음처럼 자신 역시 베란다에서 뛰어내리겠다는 결심을 접고, 그 대신에 자신을 돌보는 아줌마를 베란다 아래로 밀어 버리는 극단적 행동을 저지른다. 이러한 끔찍한 행위에도 불구하고 아이는 어른들의 세계에 대해 어떠한 두려움도 갖지 않고 있다는 사실은 더욱 충격적인 일이 아닐 수 없다. 지수 아빠가 스치듯 했던 말처럼, 지금은 "아이들의 수난시대"(127쪽)라는 사실을 어른들은 분명하게 직시하고 있다. 그럼에도 불구하고 어른들은 그들 모두가 아이들 상처의 공범이라는 사실은 전혀 깨닫지 못하고 있다는 데 문제의 초점이 있다. 따라서 여전히 아이들은 어른들을 향해 계속해서 짖는 행동을 멈출 수가 없다. 이러한 행동은 어른들의 향한 아이의 최소한의 저항의 방식이기 때문이다.

4) 강요된 세계로부터의 탈출 : 김연수, 「내겐 휴가가 필요해」

김연수의 「내겐 휴가가 필요해」(『창작과비평』 2006년 가을호)는 직장이라는 강요된 제도에 억압된 일상적 자아의 탈출 욕망을 담아내고 있다. 이는 표면적으로는 "여름 휴가"를 둘러싸고 벌어지는 도서관 직원들의 신경전으로 나타나지만, 그 이면에 담긴 본질은 진정한 자아를 잃어버린 채 강요된 세계의 일상을 맴돌며 살아가는 허위적 자아의 내적 성찰을 초점화하고 있다. 누가 먼저 휴가를 갈 것인가를 놓고 옥신각신하는 도서관 직원들의 모습에는 조금이라도 편안하게 일상적 제도에 안주하려는 의식이 앞설 뿐이다. 그들이 "내겐 휴가가 필요해"라고 당당하게 말할 수 없는 것도 이미 제도의 위계에 길들여져 있기 때문이다. 이러한 그들의 사소한 일상은 도서관의 전설과도 같은 사람이었던 한 노인의 죽음에 대한 이야기가 알려지면서 새로운 국면에 접어든다.

10여 년 간 하루도 빠짐없이 도서관에서 책을 읽었던 노인은 전직 형사였다. 경찰청에서 특수임무를 맡고 있던 그는 수배자를 검거하기 위해 신지도라는 섬에 들어갔다가 자신만 남겨 두고 배가 떠나는 바람에 사흘 동안 혼자 섬에 버려지게 된다. 그 이후 그의 삶은 형사라는 직업에 가장 충실했던 자신의 과거와는 전혀 다른 방향으로 흘러가 버렸다. 섬에 격리되었던 사흘 동안 그는 "이렇게 죽자고 여기까지 온 것은 아니다"라는 절박한 심정과 "내가 살아온 삶도 나름대로 정의로웠다"(79쪽)라고 자위(自慰)하며 버텼다. 하지만 이러한 자위에도 불구하고 그는 제도의 규율과 질서를 거스르지 않기 위해서 성실하게 책임과 의무를 다하며 살아온 자신의 일상이 진정한 자아를 탈각시킨 허위적 삶이었음을 절감하지 않을 수 없었다. 결국 섬에서 살아 나온 그는 모든 일상을 버리고 자신의 지나온 삶에 대한 정당성을 찾는 일에 마지막 삶을 바치기 위해 그곳 도서관에서 매일같이 책을 읽는 일에 몰두하기 시작한다.

그가 10여 년 동안 책을 통해 찾고 싶었던 것은 "죽은 사람이 다시 살아났다는 이야기"(80쪽)였다. 이는 엄혹한 시절 형사로서의 책임을 다하기 위해 저질렀던 반인권적 행위의 희생양들에게 진정으로 용서를 구하고 싶었기 때문이다. 그 역시 죽음 직전에 내몰린 체험을 하고 난 이후부터 원망과 분노로 죽어간 넋들에게 애써 변명이라도 하지 않으면 더 이상의 삶을 지탱할 수 없었던 것이다.

> "저는 그 눈빛을 잊기 위해 도서관에서 책을 읽기 시작했습니다. 처음에는 자료를 모아서 책을 쓸 작정이었어요. 올바른 가치관을 담아서 우리나라의 역사를 제대로 한번 써보자는 생각이었습니다. 이 나라를 지키기 위해 피와 땀을 흘린 사람들의 역사를. 그때는 모든 게 잘못됐다고 생각했습

니다. 이 나라가 어떻게 유지되고 발전돼왔는지 모르니까 젊은이들이 자꾸만 그릇된 가치관으로 매몰된다고 생각했습니다. 그런데 그게 잘 안되더군요." (92쪽)

"도피생활 중에 자신의 행위에 대한 정당성을 밝히는 책을 쓴 뒤, 당당히 검찰에 출두하겠다던"(92쪽) 그의 계획은 결코 이루어질 수 없었다. 그가 책에서 발견한 진리는 누구에게나 꿈이 있다는 것, 그리고 누구나 행복하게 살아갈 권리가 있다는 것이었으므로, 수많은 청년들의 꿈과 행복할 권리를 앗아간 지난날 자신의 행동에 대한 심한 자괴감에 빠질 수밖에 없었던 것이다. "단 한 권뿐일지라도 자기 같은 인생도 이 세상에 필요했다고 말해주는 책이 있을 것"(93쪽)이라고 기대했지만, 그처럼 많은 책 중에 자신의 삶을 정당화해 줄 근거는 어디에도 없었다. 이 때부터 그는 죽음을 생각하기 시작했고, "지난 10년 동안 자신은 절망의 바다 속에서 그렇게 익사해온 것"(94쪽)이라고 여기게 되었다. 결국 그는 바다에 몸을 던지는 죽음을 선택함으로써 온갖 고문을 가하며 청년들을 죽음으로 내몬 자신의 삶에 대해 진정으로 용서를 구하고자 했다.

이러한 노인의 절망에 "이처럼 간절하게 참회한다면 그 학생도 그를 용서해주지 않겠느냐고" 위로하며 다가선 사람이 바로 도서관 직원 "강"이었다. 강은 도서관의 궂은 일들이 모두 그녀에게 몰리면서 점점 일상에 지쳐 찌들어가고 있는 상태였다. 그녀는 하루종일 도서관에서 책읽기에만 매달려 있는 노인의 일상이 마냥 부러울 수밖에 없었다. 그녀는 과중한 업무로 인해 서가의 책을 분류기호에 맞게 꽂을 만한 여유조차 없이 살아가고 있었기 때문이다. 어느 날 퇴근길에 우연히 강은 노인을 만나게 되었고, 노인의 "책을 읽으면 읽을수록 제

인생은 오히려 더 불행해졌"(91쪽)다는 말의 이유를 듣기 위해 함께 술을 마셨다. 어쩌면 그의 불행은 그녀 자신의 일상과도 너무나 닮았다고 느꼈기 때문인지, 강은 어느새 그의 절망을 위로하는 존재가 되었다. 아니 정확히 말해 노인을 위로했다기보다는 노인의 일상에 비친 자신의 일상을 위로했다고 하는 것이 타당할 것이다. 그녀 역시 하루 종일 도서관에 파묻혀 살아가는 일상 속에서 진정한 자아의 욕망을 억압당한 채 점점 제도에 길들여져 가고 있음을 깨달았던 것이다. 누구보다도 자신에게 주어진 일상에 충실했을 뿐인데, 남겨진 것이라고는 휴가조차 마음대로 가지 못한 채 아등바등 살아가고 있는 자신의 모습을 보는 뒤돌아보는 것은 그 자체로 고역이 아닐 수 없다. 이러한 일이 있고 나서 노인의 죽음에 관한 소식을 들은 그녀의 마음은 누구보다도 짙은 허무의 그림자로 채워질 수밖에 없었다.

> 어디에 있는 것인지 최의 그 말에 사람들이 박수까지 치면서 떠들썩하게 웃음을 터뜨리는 소리가 들렸다. 울상이 된 강은 핸드폰을 끊고 방 한 쪽으로 집어던졌다. 방 한구석에 처박힌 핸드폰이 저 혼자서 부르르 떠는 동안, 강은 결심했다. 여름독서교실이 끝나는 즉시 휴가를 가겠다고. 최의 말에 기분이 상해서 그런 게 아니라고. 지금 자신에게는 휴가가 필요하다고. (95쪽)

결근을 해야겠다는 강의 전화에 최는 "아줌마, 퇴직금은 조만간 월급통장으로 입금될 테니 앞으로 이렇게 전화걸어서 닦달하지 마시오, 잉."(95쪽)이라며 비꼬는 말투로 응대한다. 이성과 합리로 가장된 제도의 질서는 개인의 내면을 전혀 헤아릴 줄 모른다. 그녀의 행동은 제도적 일상을 거스르는 비합리적이고 비도덕적인 개인주의적 행동으로 폄하되기 십상이다. 따라서 그녀는 더 이상 진정한 자아를 잃어버리면서까지 일상에 얽매일 필요는 없다고 단호하게 결심한다. 억압된 내면의 진정한 자아를 찾는 것이야말로 자신을 지키는 유일한 방법임을 알게 되었기 때문이다. 그래서 그는 "지금 자신에게는 휴가가 필요하다고" 생각한다. "휴가"는 억압된 일상을 비껴나 잠시나마 진정한 자아와 만나는 숨통과 같은 역할을 해줄 것이라고 믿었던 것이다. 죽은 노인이든, 강이든, 아니면 누구이든지 간에, 제도에 얽매인 채 살아갈 수밖에 없는 인간의 운명은 고달프지 않을 수 없다. 「내겐 휴가가 필요해」는 일상의 억압과 공포에 짓눌린 현대인들에게 진정한 자아 찾기의 중요성을 새삼스레 일깨워주는 작품이다. 강의 말대로, 지금 우리 모두는 휴가가 필요한 상태에 있다고 할 수 있지 않을까.

5) 소통불능의 시대를 넘어서는 소설

'변하는 것'과 '변하지 않는 것'이 공존하면서 문학은 성숙한다. 문학의 본질과 위상은 역사의 진보와 문화의 다양성에 따른 변화된 시대의 운명을 결코 거스를 수 없으므로 '변화' 자체를 두려워해서는 안 된다. 역으로 아무리 견고한 모든 것이 문화로 수렴되고 거대담론의 실종이 서사의 파편화를 불러일으키는 시대가 되었다 할지라도 시류에 영합하는 가벼운 변화에까지 휘둘려서는 결코 안 된다. 결국 문학은 '변하는 것'과 '변하지 않는 것'의 적절한 통합을 통해 언제나 갱신의 자세를 보여주어야 하며, 무엇보다도 시대의 불화와 단절을 넘어서는 새로운 소통의 가능성을 열어주어야 한다. 그럼에도 불구하고 지금 우리 문학은 소통은커녕 오히려 소통 자체를 단절시키는 행태를 노골화하고 있는 실정이다. 이러한 파격적인 변화와 해체만이 진정으로 문학의 미래를 선도하는 것이라는 관점은 다분히 문학권력적 입장을 드러낸 것으로 받아들여진다. 지금 우리 문학이 진정으로 나아가야 할 방향은 소통불능의 시대를 넘어서는 길 위에 있음을 간과해서는 안 된다.

한강, 이복구, 김연수의 소설은 이와 같은 소통불능의 세계를 전경화함으로써 억압된 일상을 살아가는 자아의 내면을 정직하게 바라보고 있다. 그들의 내면은 모두 제도적 억압에 종속되어 있으므로 진정한 자아의 실현을 이루지 못하고 있다. 이로 인해 그들의 내면은 세상과의 단절을 더욱 심화하게 되면서 파괴적이고 동물적인 방식으로 부당한 세계에 맞서거나 죽음이라는 극단적 선택을 하고 만다. 결국 이 세계의 진정한 소통을 이루기 위해서는 억압된 내면을 해방시켜 줌으로써 진정한 자아를 찾도록 하는 것임에도 불구하고, 이성과 합리를 가장한 제도적 질서는 이와 같은 저항의 방식을 결코 용납하려 하지 않는다. 이미 그들이 정해 놓은 질서는 어느 누구도 파괴할 수 없는 견고한 세계이므로, 그들의 생각과 의도대로 우리 사회가 질서를 잡아가기를 원하고 있기 때문이다. 따라서 진정한 소통을 갈망하는 다양한 시도들은 모두 이성적 질서를 교란시키려는 비이성적 태도로 왜곡될 수밖에 없다. 이런 점에서 지금 우리 소설은 소통불능의 시대를 넘어서는 새로운 지혜가 필요하다. 앞으로 우리 소설의 방향이 이러한 지혜를 찾아가는 과정이 되길 기대한다.

(『문학수첩』 2006년 겨울호)

4. 메타비평

비평의 소통과 미래

1) 비평과 독자

‘미래파’를 둘러싼 논쟁이 더 이상 생산적인 논의가 되지 못한다는 비판이 여기저기서 들려오고 있다. 그동안의 논쟁이 젊은 시인들의 작품을 체계적으로 분석하고 평가함으로써 시적 갱신의 의미를 도출하는 차원으로 나아가지 못한 채, 소위 ‘미래파’와 관련된 몇몇 논자들의 비평에 대한 비판과 반비판으로 증폭되는 소모적인 논의를 되풀이하였다는 것이다. 작품과 동떨어진 위계화된 비평담론의 재생산은 궁극적으로 우리 시의 미래를 여는 비평적 사유가 될 수 없다는 점에서 이러한 비판은 충분히 설득력을 지닌다. ‘서정시’ 혹은 ‘시적인 것’의 본질에 관한 규명은 반드시 작품과의 유기적 관련 속에서 논의됨으로써 근본적인 성찰에 도달할 수 있기 때문이다.

하지만 이러한 비판적 입장에도 전혀 문제가 없는 것은 아니다. 비평과 작품의 관계를 지나치게 이분법적으로 바라보는 잘못된 관행이 깊숙이 내재되어 있기 때문이다. ‘미래파’를 둘러싼 비평담론은 ‘미래파’적 경향의 시 혹은 시적 발언을 대상으로 작품의 형식과 내용을 전면적으로 고찰한 것이었다. 따라서 이를 두고 작품을 배제한 지점에서 일방적으로 논의된 비평적 인정투쟁의 양상으로만 평가하는 것은 결코 타당하지 않다. 상당수의 시인들이 명명과 분류의 방식으로 유포되는 비평의 위험성에 휘둘리고 있다는 사실을 비판적으로 쟁점화한 논의가 오로지 비평'만'의 문제였다고 말할 수는 없는 것이다.

비평이란 무엇인가? 문학의 위기 혹은 종언이 심심찮게 거론되고 있는 지금, 비평의 기능과 역할이 더욱 중요한 문제로 부각되는 것은 너무도 당연하다. 문학지형의 변화를 선도하고 작가와 독자 사이의 가교 역할을 해야 하는 비평의 본질이 심각하게 왜곡되고 있는 것이 엄연한 현실이기 때문이다. 지금 비평이란 장르는 '비평가도 안 읽는 비평'이란 자조적인 논평마저 감당해야 할 정도로 극심한 소외를 겪고 있고, 생경한 이론과 관념적 용어들로 장식된 과잉 수사로 인해 독자들과 단절된 사각지대로 내몰리고 있다. 게다가 최근에는 작품과 독자 사이의 진정한 소통에 대해서는 전혀 고려하지 않은 채, 오로지 분석이나 해석과 같은 그럴듯한 언어적 기술만으로 비평의 이름을 유포하고 있어서 '비평의 위기 혹은 종언'을 더욱 구체적으로 실감하지 않을 수 없다.

이러한 현실에서 비평을 읽고 쓴다는 것은 도대체 어떤 의미를 지니는 것일까? 한 사람의 비평가로 살아가면서 지금 비평의 본질에 대한 근본적 문제의식이 더욱 절실하게 요구되는 이유는 바로 여기에 있다. 독자와의 소통을 고려하지 않은 채 관념적이고 추상적인 지식의 각축장으로 변질되어 버린 비평, 독자와 점점 괴리되는 작품의 현실에 대해서는 너무도 관대한 비평(비평가들이 온갖 이론을 끌어들여 그럴듯하게 작품을 해석한다고 해도, 그러한 과정이 독자들에게 충분히 전달되지 못한다면 무슨 의미가 있을까), 독자의 의식과 실천적 태도의 정립에 아무런 영향력을 미치지 못하는 비평, 이것이 바로 지금 우리 비평이 직면한 숨길 수 없는 현실이 아닌가?

최근 필자가 지속적으로 제기한 바 있는 '미래파' 비판의 핵심은 이와 같은 문제의식에서 비롯되었다. 처음부터 '미래파'라는 명명은 있을 수 없는 것이었음에도 불구하고, 명명과 분류의 권위에 기대어 서둘러 우리 시단의 미래(아무리 이것이 유파적 명칭이 아니라 단순한 미래를 의미하는 것일지라도)를 예단하기에 급급했던 비평의 위험성을 적극적으로 경계하지 않을 수 없었던 것이다. '미래파'라는 용어가 "다른 어떤 용어로 대체해도 상관없는 '텅 빈 기표'"에 불과했다면, 굳이 이러한 명명을 해야만 하는 비평적 당위성은 어디에서도 찾을 수 없다. 그런데 이제 와서 이러한 명명은 단지 "서정시의 경계를 확장하려는 시도"였으며, "서정시의 범위를 넓히려고 했던 것"[33]이었을 뿐이라고 말하는 것은 너무도 궁색한 변명이 아닐까. "미래파는 없다"라고 다시 선언하는 것도 우스운 일이거니와, 그럼에도 불구하고 "정확히 말해서, 통념이 제공하는 바와 같은 '그런 미래파는 없다'"[34]는 식으로 또 다시 자신의 명명을 합리화하는 것은 더더욱 문제가 아닐 수 없다. 그동안의 논쟁이 오로지 자신의 명명을 잘못 이해한 데서 비롯되었고, 이러한 오류만 걷어낸다면 '미래파'라는 명명은 여전히 유효하다는 자기중심적 태도 앞에서 비평의 윤리는 결국 실종되고 마는 것이 아닐까.

33) 권혁웅, 「미래파2」, 『문예중앙』 2007년 봄호, 10～11쪽.

34) 위의 글, 14쪽.

2) 비평과 소통

요즘 들어 상당수의 독자들(여기에는 일반 독자뿐만 아니라 전문적인 문학 수업을 받은 독자들도 포함된다)로부터 시가 너무 어렵다는 말을 많이 듣고 있다. 물론 내포와 감춤을 미학적 기반으로 하는 시 장르의 특성상 최소한의 난해성은 불가피하므로, 시가 어렵다는 사실 자체를 일방적으로 문제 삼을 수는 없다. 하지만 이들이 말하는 어려움은 단순히 '해석가능/해석불가능'의 이분법적 차원의 문제로 단순화할 수는 없다. 이러한 시들이 상정하고 있는 독자가 도대체 누구이며, 이러한 시적 양상이 독자에게 어떤 시적 기능을 하고 있는지에 대한 근본적인 문제제기가 요구되는 것이다. 이와 같은 문제를 성찰하기 위해서는 무엇보다도 비평의 기능과 역할에 대한 첨예한 논의가 있어야 할 것이다. 난해성의 본질을 파악하고 이것이 독자와의 관계를 새롭게 열어나가는 미학적 기획인가 그렇지 않은가에 대한 객관적인 분석과 판단을 내리는 것이 비평가들의 몫이다. 지금 비평 혹은 비평가들의 모습을 바라보는 솔직한 시각은 '시가 너무 어려워 비평을 읽으면 좀 이해될까 하고 비평을 읽었더니 오히려 시가 더 어려워지고 말았다'라는 아주 신랄한 비판에 직면해 있음을 반드시 기억해야 하는 것이다.

지금 우리 평단은 이러한 위기의 현실을 타개해 나가는 비평의 지혜를 새롭게 모색할 필요가 있다. 이를 위해서 무엇보다도 먼저 깊이 고민해야 하는 것이 '소통'의 문제이다. 요즘 시가 정말 독자와의 소통을 고민하고 있는지에 대한 성찰은 물론이거니와, 지금 비평이 과연 독자와 소통하고 있는지에 대한 인식도 철저하게 규명될 필요가 있다. 비평을 독자들이 읽을 수 있는 평문으로 만드는 작업이야말로 앞으로 비평가들이 진지하게 고민해야 할 가장 중요한 문제임에 틀림없다. 비평이 누구에게나 읽히는 평문이 될 때, 비평의 자기 자리는 어느 정도 지켜나갈 수 있을 것이다. 그동안 비평가들은 상아탑의 논리에만 빠져 비평 독자를 확산시켜 나가는 외적 실천에 대해서는 크게 관심을 기울이지 않았다. 따라서 지금 우리 비평은 '대화적 비평론'의 의의를 실천하는 비평의 방향에 대해 더욱 활발한 논의를 펼쳐내야 할 것이다.[35]

> 비평가(갑) : 암호 코드라고 하셨는데, 코드가 서로 맞지 않으면 의사소통은 불가능하죠. 그러니 코드를 이해하기 위한 독자의 노력을 전제하지 않고 일방적으로 비평가들만 새로운 코드를 바꾸는 식의 비평적 글쓰기의 발상전환은 원래 목적을 제대로 실현시킬 수 없다고 봅니다. 글쓰기 역시 하나의 의사소통 행위라는 측면을 배제할 수 없는데, 의사소통이 이루어지기 위해서는 비평언어의 공유가 우선 필요하죠.
>
> 비평가(을) : 비평언어를 공유해야 의사소통이 가능하다는 점은 인정합니다. 그것이 전제되어야 하죠. 그런데 그 언어의 공유라는 점에서 비평가들만의 전문 언어를 좀 일반화된 언어로 바꾸어 보자는 거죠. 비평이란 전문 영역에서만 통용되는 언어들을 일반대중들이 사용하는 언어로 바꾸어 볼 수는 없겠느냐 하는 말입니다. 그럴 때 비평문도 소설처럼 읽힐 수 있지 않을까 하는 기대를 하기 때문이죠.[36]

인용문에서 언급한 '소설처럼 읽히는 비평'이란 말의 내포적 의미는, 이제 비평가들도 독자들이 재미를 느낄 수 있는 비평의 대중화에

---

35) 이러한 비평의 대중화 문제에 대한 지속적인 관심과 실천의 결과물로 남송우의 『대화적 비평론의 모색』(세종출판사, 2000)과 『비평의 자리 만들기』(산지니, 2007)를 주목할 필요가 있다.

36) 남송우, 「대화적 비평론의 모색」, 『대화적 비평론의 모색』, 5쪽.

대해 충분히 고민할 필요가 있고, 이를 위해서는 비평 창작에 대한 근본적인 발상의 전환이 필요하다는 문제의식을 드러내고 있다. 남송우가 부버의 개념을 원용해 밝힌 바에 의하면, 대화는 크게 세 가지로 나누어 설명할 수 있는데, ①진정한 대화 ②기술적 대화 ③대화로 위장된 독백이 그것이다. ①은 대화의 참여자가 상대자를 온전히 인정하고 그들의 의도에 전적으로 귀를 기울이는, 그래서 양자 간에 생동하는 상호성이 생기는 대화를 말하고, ②는 타자성을 인정하지 않고 사실적인 내용을 이해하고 따지기 위한 필요성에서 하는 대화이며, ③은 모두가 서로를 향해 무슨 말을 하고 있지만, 자기의 사상이나 관점에서 전개되는 일방적인 대화이므로 진정한 의미에서 대화라고 보기 어렵다.[37] 이런 점에서 우리가 지향해야 할 대화의 참모습이 '진정한 대화'를 지향해야 하는 것은 너무도 자명하다. 비평의 대화와 소통은 ②와 ③의 대화가 지닌 허위성을 걷어내고 ①의 대화로 나아가는 방법에 대해 더욱 구체적인 논의를 이어가야 할 것이다.

> 지금 우리 시단은 소통불능의 언어를 무차별적으로 나열하는 괴물들의 외계어가 점점 더 주관적인 개인성의 함정을 깊숙이 파고들어 가고 있다. 따라서 그들의 언어를 해독하는 과정은 무수히 많은 함정들에서 허우적대는 고통의 연속일 뿐이다. 시를 이해하기 위해 이토록 '어렵고 힘든' 해독의 과정을 거쳐야 한다면, 더 이상 시와의 소통을 기대하는 독자들은 찾을 수 없을 것이다. 게다가 시인들조차 어떠한 독자도 상정하지 않는 자족적인 세계에 안주함으로써 시인과 독자의 관계는 단절적 관계로 전락하고 말 것이다.
>
> 그렇다면 그들이 말하는 시의 미래는 도대체 어디를 향하고 있는 것인가? 이러한 어려움에도 불구하고 그들의 언어놀이에 너무나 즐겁게 참여하

37) 남송우, 「비평의 대화적 구조」, 위의 책, 13쪽.

> 고 정교하고 논리적인 해석까지 늘어놓는 비평가들이 있어 정말 놀랍고 신기할 따름이다. 기본적인 해독조차 불가능한 시들 앞에서 망연자실하고 있는 필자와는 다르게, 몇몇 비평가들은 그들의 시가 너무나 "재미있다"고까지 말한다. 그들은 시와 비평을 겸하는 양수겸장의 능력을 갖고 있어서, 비평가로만 살아가는 필자와 같은 사람이 갖지 못한 특별한 시안(詩眼)이 있는 것일까?[38]

> 지금 서정시는 지독한 수난의 시대를 살아가고 있다. 서정시를 읽기도 어려울뿐더러 서정시를 쓰기도 어려운 시대가 바로 지금이다. 서정시의 수난이라는 이 난경(難境)을 슬기롭게 헤쳐 나가는 일이야말로 앞으로 시 비평이 감당해야 할 몫이다. 지금이야말로 서정시를 읽기 어려운 독자들과 서정시를 쓰기 어려운 시인들 모두에게 열린 비평이 절실하게 요구되는 때인 것이다. 가뜩이나 알쏭달쏭 외계어들이 난무하는 우리 시단에, 덩달아 이러한 외계어들을 정교하게 해석하고 '미래파'라는 멋진 수사를 달아주기에 분주한 자기중심적 비평의 한계를 철저하게 성찰해야 한다. 시도 읽혀야 하고, 비평도 읽혀야 한다. 독자를 염두에 두지 않는 우리 시문학의 오만한 권위의식을 청산해야 한다.[39]

이상과 같이 필자가 지속적으로 문제제기한 '미래파' 비판 역시 비평의 소통이라는 맥락에서 이해될 필요가 있다. 즉 독자들과의 소통이 요원한 '미래파'적 경향의 시를 해석하고 분석하는 능력의 유무가 비평의 본령인 것처럼 변질되어 가고 있는 시 비평의 현실을 냉정하게 비판해야 하는 것이다. 작품에 대한 정교한 해석만 있을 뿐, 이에 대한 분명한 가치판단을 결여한 비평의 미래는 암담할 따름이다. 우리 비평의 현실은 점점 더 비평의 감옥 안에 갇혀 독자들과의 진정한 소통을 시도하지 못하고 있는 실정이다. 너무도 난해한 시를 아주 그럴

---

38) 하상일, 「'미래파'들의 '다른 서정'」, 『애지』 2006년 가을호, 56쪽.

39) 하상일, 「'다른 서정'과 '다른 미래'」, 『신생』 2006년 가을호, 206~207쪽.

듯하게 해석해 내는 비평, 하지만 비평가들조차 그 독법의 과정을 쉽게 따라갈 수 없는 비평, 그것은 비평이라기보다는 '대화로 위장된 독백'에 지나지 않는다. 비평은 이렇게 문학판 안에서 스스로 소외를 조장하거나 오히려 이러한 소외를 무슨 특권처럼 인식하는 잘못된 권위의식에 사로잡혀 있어 심각한 문제가 아닐 수 없다.

3) 비평의 감옥

『문예중앙』 2007년 봄호 특집 〈미래파, 그 이후〉[40]를 보면서 필자는 비평 읽기의 괴로움을 견뎌야만 했다. 이번 특집은 그동안의 '미래파' 논쟁에서 여러 논자들이 이미 언급한 바 있는 "이제 이들의 시가 가진 지형을 차분히 탐색하는 일이 필요할 것이다. 비난과 공격을 위한 비평이 아니라, 진정한 '소통'을 위한 비평 말이다"[41]라는 식의 문제제기를 되풀이하고 있다. 그런데 이번 특집의 언술들을 자세히 들여다보면, 정작 자신들이 철회할 것을 강력하게 주장했던 '비난과 공격'의 방식을 오히려 그들 스스로가 그대로 보여주고 있어 비판의 진정성을 심각하게 의심하지 않을 수 없다. 이 기획이 애초에 생산적인 비판과 토론을 기대하거나 작품에 대한 객관적인 분석과 평가를 목표로 했다면, 필자의 구성에서부터 균형적인 시각과 세심한 주의를 기울였어야 했다. 하지만 특집에 참여하고 있는 권혁웅, 조강석, 신형철, 함돈균의 관점이 '미래파'에 대한 객관적인 평가를 내릴 만한 위치에 있다

40) 이하 3장에서 인용한 평문은 모두 특집에서 인용한 것이므로 서지사항은 생략하고 제목만 밝히기로 한다.

41) 권혁웅, 앞의 글, 31쪽.

고 생각하는 사람은 소수에 불과할 것이다. '미래파'적 시 쓰기에 대해 공개적으로 비판적 입장을 표명한 어느 누구에게도 지면을 제공하지 않은 채 일방적 기획을 펼쳐놓고서는, "비난과 공격을 위한 비평이 아니라, 진정한 소통을 위한 비평"을 하자고 말하는 것은 그 자체로 모순이다. 이는 자신들의 발언만을 정당화하려는 편향된 의도에서 비롯된 자가당착이 아닐 수 없다. 그들의 논법을 그대로 따라가 보면, 비판론자들의 견해를 '비난과 공격'이라는 범주 속에 무조건 가두어 버림으로써 우리 시단의 변화와 혁신에 대한 비판의 목소리를 속악한 논리로 재단하고 있음을 알 수 있다. 이러한 폐쇄적 태도는 열린 비평 자체를 봉쇄하는 것이고, 그 결과 독자들에게 비평은 일방적으로 전달되는 독백적 발화로 각인될 뿐이다.

필자는 이 글에서 더 이상 '미래파'에 대한 소모적인 논란을 증폭시키는 논의를 하고 싶지는 않다. 이미 여러 편의 글을 통해 핵심적인 문제제기는 거의 다 했다고 생각한다. 참으로 안타까운 것은 이러한 비판적 문제제기가 전혀 소통되지 못하고, 한낱 '욕설'(권혁웅의 말)의 수준에 불과하다는 식의 인신공격으로 돌아오는 것을 보고 우리 비평의 미래에 절망하지 않을 수 없다. 비판의 내적 진정성을 찾으려 하지 않고 오로지 말꼬리 잡기의 안전인수식 논리를 펴고 있는 비평을 두고 무슨 말을 더 할 수 있겠는가. 비판론자들을 향해 항상 작품으로 들어가서 논의하자고 말하면서도 정작 작품을 떠난 논의를 되풀이하고 있는 것이 누구인가. 따라서 필자는 이 글에서 비평의 소통 문제에 대해서만 집중적으로 논의하고자 한다. 그들의 비평이 '외계어'로 인식되는 요즘, 시 작품의 현란함만큼이나 심각한 소통 부재의 상황에 놓여 있는 비평의 현실을 비판적으로 살펴보고자 하는 것이다.

권혁웅의「미래파2 – 2007년, 젊은 시인들을 위한 변론」을 읽는 내내 필자는 지식인의 위계로 드러나는 비평의 위험성에 대해 다시 한 번 생각하지 않을 수 없었다. 지젝, 메를로 퐁티, 들뢰즈, 레비 스트로스, 라캉, 아도르노, 칸트, 프로이트, 바르트 등 한 편의 평문 속에 이렇게 많은 이론가들과 철학자들의 견해가 들어 있어야 한다면, 도대체 비평의 자립성은 어디에서 찾을 수 있는 것일까. 자신의 주장을 설득력 있게 전달하기 위해 권위 있는 이론가의 견해에 기대는 소견논거의 방식은 아주 보편적인 논증의 방법이라는 점에서 인용 자체를 비판할 필요까지는 없을 것이다. 하지만 한 편의 짧은 평문에서 과도하게 지적 편력만이 두드러지게 부각된다면, 비평과 독자의 관계는 처음부터 형성되기 어려울 수밖에 없다. 이 글은 소위 '미래파'로 불리는 젊은 시인들의 시적 양상과 의미를 적극적으로 변론하기 위해 쓴 것이다. 그런데 정작 이 글은 젊은 시인들의 시에 대한 변론이 주된 목적이라기보다는, 오히려 그동안 자신의 비평에 대해 쏟아졌던 비판을 논박하기 위한 논거로 비평이론과 철학적 사유를 전시하는 데 집중하고 있어서 글의 초점이 분명하게 드러나지 않는다.

이러한 과정에서 비평을 읽는 독자의 몫은 어디에 있는 것일까. 이 글이 그 동안 전개된 '미래파'에 대한 논란을 충분히 해소시켜 주고 있는가, 아니면 그가 주장한 대로 비판론자들이 제대로 파악하지 못한 '미래파' 시의 핵심을 소상하게 분석하고 있는가. 도대체 독자는 이 글에서 무엇을 읽어야 하는 것인가. 소통, 감각, 추(醜), 환상, 고통, 주체 등의 용어를 통해 미래파 문제를 해명하고 있는 이 글에서 독자들은 일방적인 개념의 주입을 강요당하고 있는 것은 아닌가. 이러한 지적 편력을 따라가면 미래파적 경향의 시를 분석하고 이해하는 최소한의 소통 지점이나 가치판단의 영역을 발견할 수 있는가. 그렇다면 미래파의 시를 올바르게 이해시키기 위한 전제가 깔려 있는 이 글에서 독자의 위치는 어디에 있다고 할 수 있는가. 차라리 이제부터 비평이라는 장르는 비평가들 중에서도 문학과 철학 등의 이론에 해박한 사람 정도가 되어야 겨우 읽을 수 있는 장르로 그 범주를 제한해 버리는 것이 낳을 지도 모르겠다. 권혁웅의 비평을 읽으며 독자들은 다시 한 번 비평의 난해함과 현란함에 절망하면서 비평 읽기 자체를 포기해 버릴지도 모른다. 이렇게 비평은 스스로를 극심한 소외의 궁지로 내몰고 있고, 시와 독자와의 관계를 매개하는 비평의 최소한의 기능은 송두리째 사라져 버리고 있는 실정이다.

조강석의 「삶의 아포리아와 시적 현실」역시 비평의 지적 위계로 인해 비평 읽기의 괴로움을 가중시키기는 마찬가지이다. 이 글 역시 수전 손택, 츠베탕 토도로프, 들뢰즈, 코수스, 라인하르트, 아도르노, 한스 제들마이어 등의 생각과 이론들이 그의 주장을 논증하는 중요한 근거로 제시되어 있다. 그런데 조강석의 논의는 이러한 이론적 근거와 미래파 비판론자들의 입장을 무조건 상충되는 것으로 획일화시켜 버리는 이분법적 오류가 심각하다. 예를 들어 수전 손택의 견해에 기대어, "예술작품이 '말하는 바'를 놓고 도덕적 시비를 가리는 데 드는 공력을 개별 작품들이 성립하는 데 행사된 고유의 '힘'들을 적극적으로 읽어주는 노력으로 전환"(34~35쪽)시켜야 한다는 주장에는 이분법적 논리가 깊숙이 내재되어 있다. 즉 이러한 언술방식의 내적 의도를 살펴보면, 자신은 비교적 객관적인 시각에서 작품의 본질을 찾음으로써 미래파의 시를 이해하고 있는데, 대부분의 비판론자들은 감정적 태도에 치우쳐 작품의 호불호(好不好)를 따지는 도덕적 기준에 지나치게 얽매여 있다는 식으로 주장하고 있는 것이다. 어느 누구도 미래파의 문제를 도덕적 시비의 차원에서 언급한 적은 없다. 미래파 비판의 핵심은 이러한 시적 경향을 새로움에 들린 명명과 선언의 방식으로 무조건 감싸 안고 있는 비평의 윤리성 부재를 질타하는 데 있다. 지금 우리 시단은 새로움에 대한 강박관념이 너무나 과도하게 유포되어 있다. 변화는 언제나 새로움의 가치로 포장되기에 급급하고, 전통은 시대착오적인 논리로 폄하되기 일쑤다. 이러한 새로움을 어떻게 이해하고 평가할 것인가의 문제는 앞으로 우리 비평이 짊어져야 할 중요한 과제가 아닐 수 없다. 필자가 미래파 비판, 정확히 말해 미래파를 일방적으로 옹호하는 비평에 대한 비판을 통해 궁극적으로 성찰하고자 한 것은 바로 이러한 비평의 윤리성 회복에 있었던 것이다.

이제 장황한 연역적 논리 뒤에 소략하게 펼쳐진 작품에 대한 논의의 타당성에 대해 살펴보자. 조강석은 김근, 장석원, 김경주의 시에서 "바깥의 삭제와 폐색(閉塞)의 실감 그리고 그로부터 비롯된, 기성의 가치나 관점에 대한 전면적 회의와 '선험의 봉인'에 따른 귀납적 가치 판단 태도"(48쪽)를 공통의 내적 연관성으로 파악하고 있다. 그리고 이러한 시적 특징을 "삶의 아포리아에 대한 수사적 아포리아의 응대가 아니라 바깥을 잃고 아포리아에 처한 삶에, 지성에, 지금의 것이 아닌 방식으로도 충분히 존재할 수 있는 세계를 환기시키는 도덕적 행동"(52~53쪽)이라고 말한다. 이러한 평가를 바라보면서 필자는 담론과 실제의 괴리를 절감하지 않을 수 없다. 비평이 실제에 대한 귀납적 분석을 바탕으로 설득력을 제고하는 데 주력하지 않은 채(이는 비평과 독자의 관계에 있어서 가장 필수적인 부분이다), 연역적으로 제시한 이론에 맞추어 당위적이고 추상적인 담론을 과장되게 의미화 하는 데 집중하고 있기 때문이다. "바깥의 삭제와 폐색의 실감"을 "기성의 가치나 관점에 대한 전면적 회의"로 읽어내고 싶은 것은 비평가의 욕망일 뿐이다. 실제 작품이 이와 같은 전복의 정신을 구현하고 있는지도 의문스러울뿐더러, 설사 이러한 비판적 현실인식을 담고 있다 할지라도 이를 논리적으로 증명하기란 결코 쉬운 일이 아니다. 아무리 전문적인 독자라 할지라도 상당히 복잡한 해독과 해석의 과정을 거치지 않는다면 시에 담긴 내포적 의미의 본질을 제대로 파악하기 어렵기 때문이다.[42] 게다가 이미 결정된 논리에 맞춰 시를 분석하고 해석하는 것은 비평의 정당한 소통 과정이라고 말할 수 없다. 정해진 경로를 따라 시를 읽도록 암묵적으로 요구하는 비평은 비평 독자의 자리를 처음부터 설정하지 않는 너무도 권위적인 언술이 아닐 수 없다. 이러한 비평

42) 이러한 문제의식의 연장선상에서 엄경희는, 가장 대표적인 미래파 시인으로 평가되는 황병승의 시에 대해 아래와 같이 비판적인 입장을 표명한 바 있다. 이는 이상적 담론과 실제 작품 사이에 가로 놓인 소통의 장벽을 분명하게 지적하고 있다는 점에서 주목된다. "황병승의 시가 가짜 지배질서를 공격하는 전복적 상상력을 지녔다 할지라도 한 편의 시를 다 읽을 때까지 독자의 시선을 붙잡아 놓을 수 없다면 그의 의도는 실패할 수밖에 없다. 재독을 요구하는 것이 그의 긴 시에서만 발생하는 현상은 아니지만 특히 그의 긴 시들은 치밀한 재독을 성실하게 시행하지 않고서는 의미 해석이 거의 불가능하다. 사실 모든 시 자체가 정도의 차이는 있지만 재독을 하지 않고서는 그 의미와 미감을 제대로 간파하기 어려울지도 모른다. 문제는 황병승의 시가 난독이나 재독의 과정을 거쳐야 한다는 데 있는 것이 아니라 그러한 독서의 과정이 얼마만큼의 보람을 독자에게 되돌려 줄 것인가에 있다. 수수께끼를 풀듯 맥락의 혼란을 끈질기게 견뎌낸 독자의 수고에 그의 시는 제대로 값하는가? 그가 실현하고자 하는 주제의식은 그가 지금까지 견지해 왔던 장황한 형식과 필연적 관계인가? 아니면 자신의 시작 방식에 시인 자신이 도취해 있는 것은 아닌가?" 엄경희, 「난독(難讀)의 괴로움을 넘어서 독자는 무엇을 얻는가? – 황병승론」, 『오늘의문예비평』 2007년 봄호, 79~80쪽.

의 무의식적인 권위로 인해 시인과 작가들 그리고 심지어 비평가들조차도 비평 읽기를 점점 꺼리는 현상을 초래하고 있는 것이 현실이다. 이런 상황에서 비평을 읽는 독자를 기대한다는 것은 어불성설이 될 수밖에 없다.

비평과 독자의 단절을 "비평의 한계 상황"으로 인식하는 함돈균의 관점은 더더욱 비평의 악순환을 되풀이하고 있다. 그는 「균열, 불면, 기화, 그리고 여백은 어떻게 정치적인 것이 되는가 – 시적 형이상학의 정치적 존재론에 관하여」에서, '미래파' 논쟁을 유심하게 지켜보면서 든 생각은, 오히려 우리의 시적 상황을 규정하고 있는 유물론적 토대에 대한 정치사회학적 성찰만큼이나 지금 우리에게 필요한 것은, "'시적인 것' 자체에 대한 '형이상학적' 원론이 아닌가 하는 생각"(74쪽)이라고 말했다. 또한 "시 비평의 영역에서 그동안 관성적으로 제기되어온 '소통'에 대한 요구가 지닌 본질적 문제점은, 개인과 사물 세계를 '자명한 것'들로 번역하려는 '투명성'에 대한 욕망을 숨기지 않는다는 점에 있다"(98쪽)고 밝혔다. 결국 그는 "오늘의 비평적 상황은 이제 우리에게 '읽을 수 있음'이 아니라 '읽을 수 없음'이라는 비평의 '한계 상황'에 대한 원초적 물음을 제기하고 있다"(99쪽)고 주장한다. 이 무슨 궤변인지 모르겠다. 지금 비평이 여러 가지 점에서 소통의 근본적 한계를 지니고 있다면, 이러한 한계 상황을 뛰어 넘을 수 있는 인식과 방법에 대한 첨예한 논의가 있어야지, 오히려 이러한 비평의 한계상황을 형이상학적 물음 속으로 가두어 버린다면 독자는 끝끝내 '아무나 읽을 수 없음'이라는 고압적 태도에 주눅 들고 말 것이 아닌가. 지금 '시적인 것' 자체에 대한 근본적 성찰이 무엇보다도 필요하다는 견해 자체에 대해서는 필자 역시 전적으로 동의한다. 다만 그것이 형이상학적인 차원으로 나아가서는 절대 안 되고, 독자와의 소통을 고민하는 방향에서 구체적인 논의가 이루어짐으로써 '대화적 비평'을 모색할 수 있어야 할 것이다.

4) 비평의 미래

『문예중앙』 2007년 봄호 특집 〈미래파, 그 이후〉에는, 지면관계상 이 글에서 언급하지 못한 신형철의 「감각이여, 다시 한 번 – '감각으로 사유하는 종(種)'을 위한 단상」을 포함하여 네 편의 글이 게재되어 있다. 그런데 이 네 편 모두가 '미래파'에 대한 귀납적 분석이라기보다는 철학적 사유를 앞세워 비평가의 주장을 연역적으로 논증하는 장황한 논지를 펼치고 있다. 아마도 '미래파 비판에 대한 비판'이라는 기획 의도를 효과적으로 수행하기 위해서 어쩔 수 없이 선택한 전략적 방법이었을 것이다. 몇 가지 단서를 달긴 했지만, 이번 특집을 통해 권혁웅은 그동안 자신의 주장과는 달리 '미래파는 없다'라고 '선언'함으로써 소모적인 논쟁에 종지부를 찍으려 했다. 그가 지젝의 논법을 빌려 비판론자들을 비판한 방식으로 그에게 비판을 되돌려 준다면, '미래파는 없다'라는 사실을 이미 알고 있으면서도 굳이 왜 '미래파는 없다'라고 다시 한 번 강조하고 있는지 모르겠다.

역시 말꼬리 잡기는 참 초라한 논법이 아닐 수 없다. 더군다나 아리스토텔레스, 플라톤, 데카르트, 헤겔을 넘나드는 철학적 사유를 거쳐 미래파의 적실성을 주장하는 그들의 논법을 따라잡는 데는 역부족인 것 같다. 비평과 철학의 관계 자체를 의심하는 것은 결코 아니다. 철학적 사유가 바탕이 될 때 비평의 지혜는 더욱 풍성해질 것임에 틀림

없다. 하지만 이러한 철학적 사유가 작품에 대한 해명의 열쇠로 작용하는 것이 아니라 오히려 작품을 더욱 미궁 속으로 빠뜨리는 역기능을 하거나, 비평가의 연역적 논리를 일방적으로 전달하기 위한 지침서와 같은 권위를 조장한다면, 이것은 철학적 사유라기보다는 비평의 난해성만을 더욱 부추기는 부작용을 초래할 따름이다. 다시 비평의 본질로 돌아가서, 비평은 작가와 독자의 관계를 적극적으로 맺어주는 소통의 기능을 담당해야 한다. 철학은 이러한 소통에 보탬이 될 때 의미가 있는 것이지, 이를 저해하는 방해요소로 작용한다면 비평의 요소가 될 수도 없고 되어서도 안 된다. 이런 잘못된 관행으로 인해 그동안 우리 비평은 관념적이고 추상적인 지식의 현란함을 강조하는 특별한 영역으로 인식되어 왔다는 사실을 직시할 필요가 있다.

이제 우리 비평은 명명의 권위를 걷어내고 문학의 새로움을 실체적으로 분석하고 이해하는 가치평가의 척도를 찾아야 한다. 이것은 도덕적 시비를 가리자는 차원의 말이 결코 아니다. 새롭다면 도대체 무엇이 새로운 것인지를 말해야 하고, 그 새로움에 대해 분명한 평가를 내리는 것이 비평이 견지해야 할 뚜렷한 목표가 되어야 한다는 것이다. 미래파를 옹호한 비평가들 대부분은 이들을 섹트화하고 새로운 명칭을 부여하고 생경한 이론을 내세워 이들의 새로움을 과장되게 포장하는 데 급급했다. 게다가 "우리의 문학 비평이 오래된 지도에 의거하여 실제의 성취들을 깎고 낮추고 비껴가고 있다"고 말하면서, 미래파 비판론의 내적 진정성을 이해하려 하기보다는 "입법 비평의 저 허망한 가르침", "지도 비평의 저 낡은 계몽적 수사"[43]라는 식으로 폄하

43) 「봄호를 내면서」, 『문예중앙』 2007년 봄호, 2쪽.

하는 데만 계속해서 열을 올리고 있는 것도 사실이다. 이런 점에서 이번에 기획된 『문예중앙』 특집은 미래파 논쟁이 지향해야 할 생산적인 논점을 전혀 열어내지 못하고 오히려 논쟁을 더욱 퇴보시키고 말았다. 비평의 미래가 암담하고 참담하다. 박제화된 비평의 장을 바깥으로 끌고 나와 대중들의 말과 언어로 대화를 나눌 수 있을 때 비평의 진정한 소통은 성취될 수 있을 것이다. 이를 위해서는 어떠한 비판적 메시지도 공적 담론의 차원에서 수용될 수 있는 열린 비평의 자세가 무엇보다도 필요하다. 비평의 미래는 이러한 문제의식으로부터 다시, 새롭게 시작되어야 할 것이다.

(『애지』 2007년 여름호)

5. 해설/발문

"별말 없이"도 따뜻하고 아름다운

1

요즘 들어 시를 읽는 일이 여간 괴롭고 힘든 일이 아니다. 더군다나 지난한 독서의 과정을 거쳐 한 편의 평문이라도 써야 할 때면, 너무도 낯설고 기괴한 시의 언어와 구조 앞에서 속수무책일 때가 많다. 정작 평론가인 나 자신조차도 시를 온전히 이해하지 못하면서, 독자들에게 시의 숨은 의미를 밝혀낸 것처럼 능청스럽게 평문을 써야 한다는 사실은 심한 자괴감을 느끼게 한다. 이럴 때면 나는 시란 무엇인가 혹은 시는 어떻게 읽어야 하는가와 같은 가장 근본적인 물음을 던지지 않을 수 없다. 오늘날 시의 위상과 의미가 특정한 언어와 구조를 이해한 전제 위에서 공유되는 것이 일반화되었고, 생활과 현실이 사라진 자리에서 지식인의 위계적 언어가 시의 본질적 운명을 압도하고 있다는 점을 생각할 때, 지금 시란 무엇이며 누구를 위해 존재해야 하는가를 진지하게 묻는 것은 가장 현실적인 문제제기가 된다고 할 수 있기 때문이다.

박성우의 『자두나무 정류장』은 이러한 근본적인 질문들을 풀어가는 데 여러가지 실마리를 제공해준다. 그의 시는 경제적 이해관계로

도식화된 자본주의의 병폐와 계몽과 이성에 의해 도구화된 합리주의의 횡포에 대한 저항적 실천으로서의 서정의 현재와 미래를 명확히 보여준다. 또한 지식인의 관념에 갇혀 생활과 현실의 모습을 놓쳐버린 요즘 우리 시에 일상의 진실과 생명의 본성에 대한 탐구를 불러일으킨다는 점에서도 중요한 의의를 지닌다. 게다가 박성우의 시는 자본과 문명에 대한 성찰을 추상적이고 관념적인 언어에 기대어 구조화하지 않고, 어떠한 논리도 지식도 필요치 않은 '생활'과 '생명' 그 자체를 사실 그대로 보여준다는 데 특별한 의미가 있다. 즉 기계적이고 인공적인 언어가 낯설고 기괴한 풍경 안에서 장황한 요설을 뿜어내는 것이 최근 우리 시 일부의 모습이라면, 박성우의 시는 이러한 첨단의 감각과는 무관하게 오히려 너무도 순진하고 촌스럽고 어리숙한 모습을 꾸밈없이 드러내고 있을 뿐이다. 그래서 그의 시에는 어느 누가 읽어도 쉽고 편안하게 다가설 수 있는 친숙함이 깊게 배어 있다. 박성우는 문학 가운데 시가 가장 어렵다고 생각하는 청소년들에게 "그저, 신나고 재미있게 읽어주시길. 눈시울이 빨개졌다가도 금시 행복해지시길. 시 앞에서 쩔쩔매던 지난날에게 한 방 먹여주시길"(『난 빨강』, 124면)이라고 말한 적이 있다. 아마도 이 말은 청소년뿐만 아니라 시를 읽는 독자 모두에게 하고 싶은 그의 시론이 아닐까 싶다. 여전히 시 앞에서 쩔쩔매는 독자들에게 "별말 없이"(「별말 없이」)도 따뜻하고 아름다운 세계를 전해주고 싶은 마음, 박성우의 시는 바로 이러한 생각으로 "느릿느릿 쟁기를 끌던 황순이"(「일소」)처럼 그렇게 걸어가고자 하는 것이다.

2

지금까지 박성우의 시는 자본과 문명이 해체한 가족공동체의 회복을 일관되게 지향해왔다. 그에게 가족은 개인주의의 만연과 파편화된 세계를 극복하는 통합의 가치를 의미한다. 즉 가족공동체의 회복은 차별과 분별의 문명적 세계를 넘어서는 조화와 통일의 동일성 세계를 구현한다는 점에서 서정시가 추구해야 할 가장 이상적인 지향점이라고 인식했던 것이다. 게다가 그의 시는 가족을 '아버지의 부재'로부터 비롯된 가난을 중심으로 형상화하며, 이러한 상처의 근본적 원인이 가족 내부의 갈등과 모순에 있는 것이 아니라 우리 사회의 구조적 모순에 있음을 직시한다는 점에서 현실비판적 성격을 분명히 드러낸다. 이는 자칫 가족주의가 체제를 합리화하는 현실순응적 태도에 매몰될 수도 있음을 의식한 비판적 자기성찰의 결과라고 할 수 있다.

그런데 이번 시집에서 가족공동체의 모습은 가족의 울타리를 넘어서 농경문화의 전통에 깊숙이 뿌리내리고 있다는 점에서 좀더 특별한 의미를 지닌다. 인간의 성장과 성숙을 도시적 시공간으로의 진입을 통해서 실현하고자 하는 것이 근대적 욕망이라면, 이제는 지나온 길을 돌이켜 오히려 도시적 시공간을 거슬러가는 데서 더욱 성숙한 삶의 모습을 발견할 수 있다고 보는 것이다. 그곳에는 주체와 타자를 구분하는 경계도 없고, 이익과 손해를 따져묻는 계산도 무의미하다. 그저 한 사람이 먼저 베풀면 다른 사람이 보답하고, 그 보답이 계속해서 또다른 보답으로 이어지는, 시작도 끝도 없는 베풂과 어울림이 있을 뿐이다. 「어떤 품앗이」는 이러한 농경문화의 전통을 가족공동체의 확장된 모습으로 전해준다.

구복리양반 돌아가셨다 그만 울어, 두말없이
한천댁과 청동댁이 구복리댁 집으로 가서 몇날며칠 자줬다

구년 뒤, 한천양반 돌아가셨다 그만 울어, 두말없이
구복리댁과 청동댁이 한천댁 집으로 가서 몇날며칠 자줬다

또 십일년 뒤, 청동양반 돌아가셨다 그만 울어, 두말없이
구복리댁과 한천댁이 청동댁 집으로 가서 몇날며칠 자줬다

연속극 켜놓고 간간이 얘기하다 자는 게 전부라고들 했다

자식새끼들 후다닥 왔다 후다닥 가는 명절 뒤 밤에도
이 별스런 품앗이는 소쩍새 울음처럼 이어지곤 하는데,

구복리댁은 울 큰어매고 청동댁은 내 친구 수열이 어매고
한천댁은 울어매다

— 「어떤 품앗이」 전문

"이 별스런 품앗이"는 "후다닥 왔다 후다닥 가는" "자식새끼들" 마음으로는 좀처럼 이해하기 힘든 일인지 모른다. 아무리 가까운 친척일지라도 내 집이 아닌 이상 먹고 자는 일에서부터 불편한 일이 한두 가지가 아닐 거라는 계산이 앞서는 것은 당연하다. 어쩌면 자식새끼들은 "연속극 켜놓고 간간이 얘기하다 자는 게 전부"인데 굳이 서로 불편하게 왜 그러느냐고 괜한 불평을 늘어놓을지도 모를 일이다. 하지만 그저 "몇날며칠 자줬다"라는 마음만 있으면 그만이라는 "이 별스런 품앗이"가 "두말없이"도 얼마나 따뜻하고 아름다운 일인지를 모르지는 않을 것이다.

이처럼 박성우의 시는 공동체의 가치에 깊은 애착을 드러낸다. 이

는 콘크리트 벽으로 경계를 나누고 나와 너를 철저하게 구분짓는 도시문화와 이윤 창출을 위한 무한경쟁을 자랑삼는 자본주의 경제논리로는 도저히 다가서기 힘든 마음이다. 그의 시는 자본과 문명을 최선이라고 생각하는 도시의 삶과 문화를 "두말없이" 혹은 "별말 없이"도 너무도 부끄럽게 만드는 힘을 지니고 있다. "펄펄 끓는 물솥을 엎질러 된통 데었다던" 할머니를 병원에 모셔드렸더니 그 보답으로 "족히 일년이 넘게" 집을 수소문하여 "참깨 한봉지"를 들고 찾아오신 일(「참깨 차비」), "닭서리꾼"임을 밝혀냈지만 "한동네 환갑어른"이어서 "닭값을 물릴 수도 부아를 낼 수도 없는"데, 다음날부터 닭 주인집 논두렁 밭두렁이며 동네진입로 마을 안길가녘까지 수북한 풀이 시원시원 깎여나가는 일(「닭값」), "물고기잡이가 금지된/상수원보호구역에서 그물질을" 한 사람이 "윗마을 청암양반"이라는 것을 알았지만, 큰 수술을 한 아내를 위해 "잉어든 붕어든 닥치는 대로 고아먹였으리"라는 생각에 "청암양반 따라 나도 불법어로에 나서고 싶"(「그물」)은 마음을 두고 굳이 이런저런 말을 덧붙이는 것이 무슨 의미가 있겠는가. 비록 "윗집 할매"가 "내 텃밭에 요소비료를 넘치게 뿌려" "텃밭 상추며 배추 잎이 누렇게 타들어"가더라도, 화를 내거나 원망을 하기는커녕 "비울 때가 더 많은 내 집을 일없이 봐주"시는 할머니에게 "콩기름 한통 사다가 저녁 마루에 두고"(「별말 없이」) 오는 시인의 마음을 따라가지 못하는 필자가 몹시 부끄러울 따름이다.

이러한 공동체성에 대한 탐구는 자본과 문명에 순응하는 인간 중심의 문화를 근본적으로 성찰하는 문제의식으로 심화된다. 즉 자연과 우주의 섭리 앞에서 모든 인간적 시점을 뒤로한 채 자연 그 자체를 주체로 세움으로써, 인간과 자연의 경계를 넘어선 본연의 생명성을 보여주고자 하는 것이다.

소나무에 호박넝쿨이 올랐다
씨앗 묻은 일도 모종한 일도 없는 호박이다

장정 셋의 하루 품을 빌려 이른 봄에 옮겨온 소나무,
뜬금없이 올라온 호박넝쿨이 솔가지를 덮쳐갔다
일개 호박넝쿨에게 소나무를 내줄 수는 없는 일
줄기를 걷어내려다 보니 애호박 하나가 곧 익겠다

싶어, 애호박 하나만 따고 걷어내기로 맘먹었다
마침맞은 애호박 따려다 보니 넝쿨은 또 애호박을 낳고
고놈만 따내고 걷으려니 애호박은 또 애호박을 내놓는다
소나무조차 솔잎 대신 호박잎을 내다는가, 싶더니 애호

호박넝쿨은 기어이 소나무를 잡아먹고 호박나무가 되었다

— 「애호」 전문

"씨앗 묻은 일도 모종 한 일도 없는"데 "소나무에 호박넝쿨이 올랐다"는 사실은 말 그대로 "뜬금없이" 벌어진 일이다. 그렇다고 해서 이를 두고 "일개 호박넝쿨에게 소나무를 내줄 수는 없는 일"이라고 생각하는 것은 철저하게 인간 중심적인 계산일 뿐이다. "줄기를 걷어내려" 아무리 애를 써도 이미 "애호박 하나 곧 익겠다 싶"은 생각만큼은 절대 거스르기 힘들다. 그래서 "애호박 하나만 따내고 걷어내기로 맘먹"어보지만, "애호박은 또 애호박을 내놓"아 인간의 마음을 흔들어 놓을 뿐이다. 이처럼 자연의 이치는 생각보다 훨씬 깊고 견고해서 결코 인간의 마음으로는 거스르기 힘든 위엄을 지니고 있음을 간과해서는 안된다. 처음부터 소나무와 애호박의 동거를 어울리지 않는 일이라고 생각한 것부터가 인간의 눈으로 본 편견이다. 오히려 이 둘의 부조화를 조화로 이끌어내려는 다른 생각을 가질 필요가 있다. 인간과 자연 혹은 자연과 자연을 구분하고 경계짓는 일은 인간을 가장 우위에 두려는 권력적 시선이다. 하지만 생명의 본성은 자본에 길든 인간의 의도나 계산으로 획일화할 수 없다. 설사 "뜬금없는" 상황일지라도, 인간의 생각대로 자연을 재편하려는 것 자체가 아주 위험한 발상이다. 결국 "호박넝쿨은 기어이 소나무를 잡아먹고 호박나무가 되"는 것이 자연의 섭리다. 혹 이를 두고 그것이 소나무인지 호박나무인지 끝끝내 정체성을 따져묻는다면, 이 또한 구분과 경계에 길든 인간적 사고에서 비롯된 생각이 아닐 수 없다.

이처럼 박성우의 시는 구분과 경계에 익숙한 근대 자본주의의 병폐를 넘어서 근원적 생명성에 토대를 둔 통합적 세계의 진실을 지향한다. 이를 통해 서정시의 본질에 더욱 가까이 다가서고자 하는 것이 그의 시가 일관되게 추구해온 전략이라고 할 수 있다.

> 열 달 동안만 입이었던 입
> 아니, 열 달도 못되게 입이었던 입,
> 입 벌리고 하품하다
> 문득, 사십년 전의 입을 만져본다
>
> 자궁 안에서만 입이었던 입
> 이도 잇몸도 없이
> 과일과 고기를 받아먹던 입
> 심장을 뛰게 하던 입
> 엄마를 쪽쪽 빨아
> 눈 코 입 손 발을 키우던 입

입 한번 연 적 없으나
엄마와 조곤조곤 얘기하던 입,
사십년 전의 입을 내려다본다

이제는 뱃살에 가려진 입
신경 안 쓰면 때가 끼는 입
손가락 하나로도 가려지는 입
입에게 입의 일을 맡기고
입을 꼭 다문 입
입조심 할게요, 조아릴 때마다
나도 모르게 두 손 모아 가리던 입,
사십년 전의 입을 간질여본다

손끝으로 간질간질 간지럼 태우니,
뱃살 출렁이며 웃는 입

– 「배꼽 3」 전문

「배꼽」 연작은 가족에서 공동체로, 농경문화적 상상력에서 생명의 근원에 대한 탐구로 이어져온 그의 시의 흐름을 통합적으로 보여준다. 잘 알다시피 배꼽은 인간의 생명을 이어주는 근원적 상징이다. 비록 "열 달 동안" "자궁 안에서만 입이었"고 지금은 "입에게 입의 일을 맡기고/입을 꼭 다문 입"에 불과하지만, "엄마와 조곤조곤 얘기하던 입"의 근원적 기억만큼은 온전히 남아 있다. "우리가 밥 배불리 먹고/배를 문지르는 버릇이 생긴 것"도, "고플 때도 입이 아닌/배를(아니, 정확이 배꼽을) 만져보는 것"(「배꼽 2」)도, "사십년 전의 입"을 기억하려는 무의식적인 몸짓이라고 할 수 있다. 이처럼 배꼽은 수십년 세월에 묻혀 실질적 기능은 다했다 하더라도 생명의 근원을 탐색하는 가장 본질적인 자리라는 점에서 여전히 중요한 의미를 지닌다. 더군다나 박성우의 시에서 배꼽은 자연을 매개로 생명의 본성을 재발견하는 의미를 지닌다는 점에서 더욱 흥미롭다. 또한 "아내랑 아기랑/배꼽마당에 나와 배꼽비 본다"(「배꼽」)에서처럼 엄마와 아이를 이어주는 즐거움을 담아낸다는 점에서 더없이 행복한 표상이 아닐 수 없다. 목젖을 두고 "평소엔 그냥 목젖이었다가/내가 목놓아 울 때/나에게 젖을 물려주는 젖", "가장 깊고 긴 잠에 들어야 할 때/꼬옥 물고 자장자장 잠들라고/엄마가 진즉에 물려준 젖"(「목젖」)이라고 유추하는 것도 이와같은 인식에서 비롯된 것이다.

이처럼 박성우의 시는 근원적 생명의 자리를 응시하는 남다른 시선을 지니고 있다. 하지만 이와같은 세계인식이 관념적이거나 추상적이지 않고 자신의 주변에서 일어나는 구체적 일상으로부터 발견된다는 점에서 특별히 주목된다. 게다가 이를 형상화하는 방법으로 서사적 형식과 구조를 도입함으로써 독자들에게 이야기를 들려주는 듯한 친숙함을 제공한다는 점을 기억할 필요가 있다. 그리고 이러한 서사 전략은 궁극적으로 주변부적 삶의 지향을 통해 민중적 서정성을 획득하고자 하는 리얼리즘에 바탕을 두고 있기도 하다. 그의 시의 화자나 청자 혹은 인물들이 대부분 우리 주변의 일상인들인 것도 바로 이 때문이다. 그의 시에서 리얼리즘 전략은 화자가 과거의 체험을 객관적으로 보고하거나 지난 일을 회상하는 서술시의 성격을 뚜렷이 보여준다. 여기에서 서사적 구조는 소설의 플롯처럼 완결된 형식을 갖추고 있지는 않더라도, 일상적 삶의 리얼리티를 담아내는 의미 있는 구조로 기능하기에는 충분하다. 박성우의 시가 과거시제를 즐겨 채택하는 것은 이러한 서사적 구조와 아주 밀접하게 연관된다. 즉 이야기적 요소를 지닌 만큼 시간의 흐름은 필수적이므로, 이를 표현하는 데 과거시제는 본질적 요건일 수밖에 없는 것이다. 그의 시가 기억을 현재화하는 방식으로 구조화되는 경우가 두드러진 이유는 바로 여기에 있다.

3

몇해 전 박성우 시인의 동시집 『불량 꽃게』를 받고서 정말 오랜만에 환하게 웃으며 시를 읽었던 적이 있다. 거칠고 딱딱한 비평의 언어에 갇혀 살아온 내게 그의 동시는 소박하지만 꾸밈없는 아름다움 그 자체의 언어가 어떤 것인지를 새삼 일깨워주었다. 사실 시집 자체의 감동보다도 더욱 필자를 놀라게 한 것은, 시집을 담은 봉투에 적힌 '빨강우체통집'이라는 그의 주소였다. 번지나 아파트 동호수와 같은 숫자에 익숙한 필자에게 '빨강우체통집'이라는 주소는 정말 특별한 울림을 안겨주었다. 그리고 사람 발길 드문 시골마을 어딘가에 빨강 우체통이 있는 그의 집 풍경이 예사롭지 않게 떠올랐고, 숫자로만 구분되는 주소에 길든 우체부의 일상에 '빨강우체통집'이라는 주소가 가져다줄 작은 행복을 생각하니 절로 웃음이 나오지 않을 수 없었다. 이번 시집을 읽으면서 그 때의 감동에 더해 또 한 번 감동이 밀려옴을 느낀 것은, '빨강우체통집'에 "이팝나무 우체국"(「이팝나무 우체국」)도 함께 있음을 알았기 때문이다.

> 이팝나무 아래 우체국이 있다
> 빨강우체통 세우고 우체국을 낸 건 나지만
> 이팝나무 우체국의 주인은 닭이다
> 부리를 쪼아 소인을 찍는 일이며
> 뙤똥뙤똥 편지배달을 나가는 일이며

파닥파닥 한 소식 걷어오는 일이며
닭들은 종일 우체국 일로 분주하다
이팝나무 우체국 우체부는 다섯이다
수탉 우체국장과 암탉 집배원 넷은
꼬오옥 꼭꼭 꼬옥 꼭꼭꼭, 열심이다
도라지밭길로 부추밭길로 녹차밭길로
흩어졌다가는 앞다투어
이팝나무 우체국으로 돌아온다
꽃에 취해 거드름 피는 법이 없고
눈비 치는 날조차 결근하는 일 없다
때론 밤샘 야근도 마다하지 않는다
빨강우체통에 앉아 꼬박 밤을 새고
파닥 파다닥 이른 우체국 문을 연다
게으른 내가 일어나거나 말거나
게으른 내가 일을 나가거나 말거나
게으른 내가 늦은 답장을 쓰거나 말거나
이팝나무 우체국 우체부들은
꼬오옥 꼭꼭 꼬옥 꼭꼭꼭, 부지런을 떤다

— 「이팝나무 우체국」 전문

「이팝나무 우체국」은 그의 시를 읽는 즐거움을 한껏 펼쳐 보인다. "빨강우체통 세우고 우체국을 낸 건 나지만/이팝나무 우체국의 주인은 닭"이라는 발상부터가 재미있다. 굳이 시의 주인공이 사람이어야 할 필연성이 없다면, "뙤똥뙤똥" "파닥파닥" "꼬오옥 꼭꼭 꼬옥 꼭꼭꼭" 마당을 활보하는 "수탉 우체국장과 암탉 집배원 넷"을 지켜보는 일은 여간 흐뭇한 일이 아니다. "부리를 쪼아"대는 모습을 "소인을 찍는 일"에 빗대거나, "뙤똥뙤똥" "파닥파닥" 잰걸음을 하는 모습을 "편지배달을 나가"거나 "한 소식 걷어오는" 것으로 유추하는 것도 참 재미있다. 어쩌면 어른들을 위한 동시 같다는 생각이 들 정도로 잔잔한 감동을 준다. 뿐만 아니라 이번 시집에는 "자두나무 정류장"(「자두나무 정류장」)도 있고 "살구나무 변소"(「살구나무 변소」)도 있다. 이름을 듣는 것만으로도 행복해지는 느낌처럼, 박성우의 시는 누구에게나 그렇게 다가간다. "자주자주/자두나무 정류장에 간다"는 그의 가벼운 발걸음이 너무도 부럽다. 특별히 중요한 이유가 있어서 정류장을 찾는 것은 아니다. 그저 "비가 오면 비 마중/눈이 오면 눈 마중/달이 오면 달 마중/별이 오면 별 마중 간다"는 마음뿐이다. 그의 시는 바쁜 도시의 일상을 잠시 접어둔 채 무작정 찾아가보고 싶은 내면의 풍경을 간직하고 있다. 자본과 문명의 근대적 삶을 무조건 외면할 수 없는 것이 엄연한 현실이라 해도, 그의 시를 읽고 있으면 맹목적인 변화의 속도를 조금은 늦추어도 괜찮지 않을까 하는 생각에 잠기지 않을 수 없다.

지금 우리 시는 '의미의 소통'보다는 '감각의 촉발'을 지향하는 데 집중하고 있는 것이 사실이다. 생활과 현실의 상처와 고통은 커져가는데, 시는 이러한 현실을 감싸안는 공동체의 가치를 보여주기보다는 철저하게 개인화된 내면의 감각으로 점점 더 숨어들고 있는 것이다. 인간과 인간을 이어주는 가장 감성적인 소통의 도구인 시조차 이제는 지식인의 산물로 변질되어버린 것 같아 안타까울 따름이다. 어쩌면 박성우의 시는 조금은 상투적이고 진부한 발상과 어법을 지닌 것으로 받아들여질 수도 있을 것이다. 하지만 자본과 문명의 속도를 따라잡기에 분주한 우리 시단의 과잉 언어에도 불구하고 생활과 현실을 중심에 놓고 사유하고 실천하는 일관된 그의 시세계는, 낡고 오래되었지만 오히려 가장 미래지향적인 역설적 의미를 지니고 있음을 간과해서는 안된다. "정작 자기가/이 동네 마지막 일소인줄도 모르고/황순이 앞세워 느릿느릿 비탈밭을 간다"는 "늙다리 금수양반"(「일소」)처럼 조금은 어리석고 무심해도 충분히 살아갈 만하다고 생각하는 것, 이것이 바로 박성우의 시가 궁극적으로 지향하는 세계의 모습인 것이다. "별말 없이"도 따뜻하고 아름다운 세계, 아마도 지금 시란 무엇인가 혹은 시는 어떠해야 하는가와 같은 근본적 질문에 대한 대답은 바로 이러한 마음과 생각에서 찾아야 하지 않을까.

(『자두나무 정류장』 해설, 창작과비평사, 2011.)

6. 서평

『남한산성』을 통해 본 한국소설의 가능성

1) 문학의 위기와 희망 사이에서

문학을 위기로 읽어내지 않았던 때가 과연 있었던가 싶지만, 디지털 시대를 살아가는 독자의 한 사람으로서 지금 이러한 위기담론이 더욱 현실적으로 받아들여지는 것만큼은 분명한 사실이다. 정확히 말해 이러한 현실은 문학의 위기라는 차원에서 접근할 문제라기보다는 문자의 위기라는 좀더 거시적인 차원에서 냉정하게 짚어볼 문제가 아닌가 싶다. 인터넷문화의 급격한 확산으로 종이문화가 점점 설자리를 잃어감에 따라 신문, 잡지 등을 비롯한 활자문화의 영향력이 상당히 위축되어 버렸기 때문이다. 물론 여전히 신문은 우리 사회의 여론을 형성하고 주도하는 중요한 매체로서의 역할을 감당하고 있고, 잡지 역시 독자의 절대적 감소에도 불구하고 새로운 잡지가 계속해서 창간될 만큼 표면적으로는 위기의 징후를 감지하기 어렵다. 하지만 신문, 잡지의 수용자인 독자의 측면에서 이러한 현실을 뒤집어보면 전혀 다른 진단이 나올 수밖에 없다. 즉 지금 독자들이 신문과 잡지의 영향력으로부터 결코 자유로운 것은 아니지만, 그들이 즐겨 읽고 보는 신문과 잡지는 대체로 인쇄활자의 형태가 아닌 인터넷을 통해 전달되는 것이란 점에서 소통방식에 있어서 예전과는 다른 뚜렷한 변화를 보이고 있기 때문이다.

이처럼 문자 중심의 소통방식이 급격히 쇠락해 가는 현실에서 문학의 희망을 찾는다는 것은 정말 힘겨운 일이 아닐 수 없다. 인터넷문화의 비주얼한 유혹을 접어두고 빽빽한 활자로만 이루어진 문학으로 돌아오라고 목소리를 높인다고 해서 문학의 위기가 해소되는 것은 결코 아니기 때문이다. 종이와 활자의 소통방식에 절대적으로 기댈 수밖에 없는 문학의 근본적 존재조건을 생각할 때, 앞으로의 문학적 방향은 지금과 같이 디지털 환경의 변화를 맹목적으로 쫓아가는 하드웨어적 변신보다는 문화적 조건과 인식의 변화에 따른 소프트웨어적 성찰을 더욱 중요한 과제로 삼아야 할 것이다. 다시 말해 기법과 형식의 새로움이라는 외양적 변화를 극단적으로 밀고 나가기에 앞서 이러한 새로움의 사회역사적 정당성을 마련하는 내적 성찰이 필요하다는 것이다. 여기에서 말하는 내적 성찰의 의미를 아주 포괄적으로 이해할 필요가 있는데, 사회와 역사에 대한 새로운 문제의식, 작품의 제재나 소재를 전유하는 방식의 변화, 긍정적 의미에서의 대중성 확보를 위한 전략의 수립 등 다양한 논의의 가능성을 열어둘 필요가 있다.

최근 우리 소설에 두드러진 팩션(faction)화 경향이나 고전 서사의 재해석 등의 작업에서 이러한 논의의 지점을 찾을 수는 없을까? 김훈의 『남한산성』, 신경숙의 『리진』, 한승원의 『추사』를 비롯해 김경욱의 『천년의 왕국』, 김별아의 『논개』, 김종광의 『율려낙원국』에 이르기까지, 원로·중견 작가는 물론 젊은 작가들까지 역사적 사건과 인물 그리고 고전 등을 창작의 중요한 토대로 삼고 있다는 사실을 주목할 필요가 있는 것이다. 물론 이러한 현상은 각 방송사마다 엄청난 자본을 투자해 제작하고 있는 역사드라마의 인기에 편승한 것이라는 혐의로부터 전혀 자유로울 수는 없을 듯하다. 모든 것이 미래적 가치를 향해 급속도로 달려가는 현실을 감안할 때 역사와 고전을 바탕으로 한 소설의 팩션화 현상은 다소 아이러니하게 받아들여지는 게 사실이다. 그럼에도 불구하고 왜 독자들은 역사와 고전의 소설화에 열광하고 있는 것일까? 여기에는 단순한 과거 사실의 재현을 뛰어 넘은 당대적 유효성과 지금의 문학적 새로움에 대한 비판적 성찰이 내재되어 있다고 볼 수 있다. 김훈의『남한산성』을 더욱 주목하게 되는 이유는 이러한 문제제기에 대한 뚜렷한 해답을 지니고 있기 때문이다.

2) '김훈'이라는 명성과 문체적 특성

김훈의『남한산성』은 출간 2주 만에 5만 부, 한 달째 8만부, 한 달 보름여 만에 10만부, 두 달여 만에 12만 부가 팔렸다고 한다.(이하『남한산성』의 판매에 대한 기초적 자료와 통계는 차미령의「남한산성 리포트 – 2007년 한국, 김훈의『남한산성』왜 선택되고 어떻게 읽히는가」〈『문학수첩』2007년 가을호〉를 참조했음) 그리고 주요 독자의 성별과 연령층을 파악한 결과에 의하면, 남성독자가 여성독자에 비해 두 배나 많았고, 30대가 전체 독자 가운데 30~40% 정도에 이르는 것으로 집계되었다. 결국『남한산성』의 독자 가운데 가장 두드러진 층은 30대 남성독자인 것이다. 그리고『남한산성』에 대한 기사, 리뷰, 칼럼 등 소설의 판매에 영향을 주는 목록이 100여 편 이상 발표되었고, 뉴스, 텔레비전 교양프로, 라디오 대담 등 방송을 통한 홍보효과도 아주 컸던 것으로 보인다. 게다가 인터넷서점을 중심으로 판매 촉진을 위한 다양한 이벤트(에세이 끼워팔기,

특별쿠폰 및 마일리지 제공)를 적극적으로 벌였을 뿐만 아니라, 전국 독자와의 만남 및 독서토론회 등 오프라인 상에서의 마케팅 효과도 소설의 베스트셀러화에 크게 기여한 것으로 보인다.

물론 이러한 전략적 마케팅은 이미 수많은 독자들을 확보하고 있는 '김훈'이라는 명성이 없었다면 사실상 불가능한 일이었을 것이다. 대통령의 추천으로 더욱 유명세를 누렸던 『칼의 노래』의 작가, 드라마 「불멸의 이순신」의 원작자라는 명성은 그 자체만으로도 기본적인 매니아층을 형성하기에 충분했다. 게다가 김훈은 기자 시절부터 빼어난 문체로 당대의 문장가라는 소리를 공공연하게 들어왔는데, 이러한 이력도 독자들이 그의 소설에 전폭적인 신뢰를 보내는 중요한 요인으로 작용하였을 것이다. 결국 『남한산성』이 아주 짧은 시간 안에 종합베스트셀러 1위를 차지할 수 있었던 것은 이전부터 형성되어 온 '김훈'이라는 명성과 영향에서 비롯된 결과였다고 해도 과언이 아니다.

그렇다면 도대체 '김훈'이라는 명성과 영향의 실체는 무엇인가? 그것은 바로 문체의 힘과 역사의 내면화에서 비롯된 개성적인 글쓰기라고 할 수 있다. 앞서 말한 대로 소설가로서의 김훈이 있기 이전부터 그는 명문장을 쓰는 기자로 명성을 날렸고, 그의 문장은 신문기사는 물론이거니와 에세이를 통해서 이미 상당한 독자층을 확보하고 있었다. 이 때문에 그가 소설을 쓰기 시작했다는 사실은 여러 사람들의 관심을 받기에 충분했고, 더군다나 동인문학상, 이상문학상, 황순원문학상을 차례로 수상할 정도로 문단 안팎의 찬사가 이어지면서 그의 소설을 단순히 여기(余技) 수준으로 평가해서는 안 되는 절대적 신뢰를 형성하였다. 지난 90년대 이후 우리 소설의 대체적 경향이 여성을 주인공으로 한 사소설적 특성이 두드러졌다는 점을 염두에 둘 때, 정치·경제·사회를 아우르는 역사적 통찰을 보여주는 그의 소설은 독자들에게 상당한 무게감으로 다가왔을 것임에 틀림없다. 그의 소설 독자층이 주로 30대 남성 직장인이라는 사실은 이러한 그의 소설적 특성과 아주 밀접한 관련이 있다고 할 수 있다.

『남한산성』을 통해 본 김훈 소설의 문체적 특성은 한마디로 간결과 절제로 요약될 수 있을 듯하다. 군더더기가 전혀 없는, 그래서 섣불리 희노애락의 감정을 노출하지 않는, 그러면서도 인간으로서의 섬세한 감정을 응축하고 있는 그의 문장은 특이하다 못해 전율을 느낄 정도로 경외롭다. 『칼의 노래』에서 아들 면의 죽음 앞에서 이순신이 한 말은 "스물 한 살이었고, 혼인하지 않았다."(150쪽)가 전부였다. 아들의 죽음 앞에서 이렇게 객관적이고 이성적인 마음의 거리를 둘 수 있는 아버지가 세상에 어디에 있을까마는 『칼의 노래』의 이순신은 분명 그러했다. 그러나 문장 어디에도 슬픔의 감정은 묻어나지 않았지만, 독자의 한 사람으로서 아들의 죽음을 바라보는 아버지의 슬픔을 이토록 절절하게 표현한 것을 본 적이 없다는 데서 김훈 소설 문장의 남다른 힘을 경험하지 않을 수 없다. 『남한산성』 곳곳에서도 이러한 문체적 특성은 여전한데, 명분과 실리 사이에서 고민하다 결국은 청에 무릎을 꿇음으로써 실리를 선택하는 인조 임금의 내면을 "밤중에 임금이 승지를 불러서 문서에 국새를 찍었다"(315쪽)라는 객관적인 사건 기술로 요약하고 있는 것이다. 이 역시 임금으로서의 만감(万感)을 메마르기 짝이 없는 한 문장으로 표현했다는 점에서 김훈 소설의 절제된 문장을 유감없이 보여주고 있다고 하겠다.

김훈이 간결과 절제를 자신의 소설 문장의 본령으로 삼은 데는 근본적으로 그가 말을 신뢰하지 않는 데서 비롯된 것으로 보인다. 특히

『남한산성』에서 김상헌과 최명길이 명분과 실리를 내세우며 서로 주고받은 말은, 그 진정성을 논하기에 앞서 전란의 소용돌이 속에서 신음하고 있는 민중들의 피폐한 삶을 이해하는 말은 결코 아니었다. 다시 말해 그들이 벌인 논쟁은 나라의 존망을 걱정하는 충신으로서의 관념에 사로잡혀 있었을 뿐, 민중들의 생명을 걱정하는 정치가로서의 진정성을 엿볼 수는 없었던 것이다. 이런 점 때문에 주전파와 주화파로 대표되는 둘의 논쟁은 지금 우리 정치사의 대립과 갈등을 자연스럽게 떠올리게 하는 알레고리로 작용한다. 언제나 자신의 이해관계에 얽매여 민중들과 괴리된 그럴듯한 말들을 유포하고 있는 우리의 정치현실과 『남한산성』의 현실은 크게 다르지 않기 때문이다. 결국 김훈은 화려한 수사도 관념적 비유도 감정의 과잉에서 비롯된 것일 뿐이므로, 이를 토대로 한 문장은 당대의 역사적 실증성과 인물들의 섬세하고 복합적인 감정을 진정성 있게 보여주지는 못한다고 판단하는 듯하다. 따라서 그는 감정을 직접적으로 내세우기보다는 오히려 감정을 내면화하는 절제를 통해 지나친 수사를 삼가고 간결한 문체로 역사의 객관성을 독자들에게 보여주고자 하는 것이다.

3) 역사를 전유하는 새로운 방식

최근 우리 소설에서 '역사의 소설화'는 가장 중요한 쟁점이자 화두이다. 이러한 경향이 두드러진 데는 일본의 역사왜곡, 중국의 동북공정 등 동북아시아의 제국주의적 역사관이 우리 국민들의 민족의식과 역사의식을 자극한 측면과, 이에 영향을 받은 방송드라마의 대하사극 열풍이 핵심적인 요인으로 작용했다고 할 수 있다. 그런데 최근 역사드라마의 특징을 살펴보면 이전과는 사뭇 다른 변화를 보이고 있어 주목된다. 즉 왕조실록에 바탕을 둔 조선의 역사를 소재로 한 대하사극이 사실상 전부였던 방송드라마의 한계를 뛰어 넘어 고구려사와 고려사 등 기록의 부재와 고증의 어려움 때문에 섣불리 드라마로 제작하기 어려웠던 소재로 드라마를 제작하고 있다는 점, 왕조나 권력층을 중심으로 역사적 사건의 실증성을 초점화하기보다는 오히려 기록된 역사의 이면에 가려져 있거나 소략하게 기술되어 있는 지점으로부터 새로운 역사적 상상력을 극대화시키고 있다는 점이 특징적이다. 이와 마찬가지로 최근 우리 소설이 역사를 전유하는 방식도 역사의 실증성보다는 작가의 상상력의 측면에서 새로운 가능성을 열어가고 있다는 점을 무엇보다도 주목해서 바라보아야 할 것이다.

『남한산성』은 병자호란이라는 역사적 사건을 제재로 하고 있다는 점에서 실증성을 기본적 바탕으로 삼는 역사소설이다. 하지만 이 소설은 역사적 사건을 중심으로 이야기를 전개하면서도 사건의 실상보다는 기록된 사건의 이면을 상상적으로 재구성해내는 작가의 시선에서 특이성을 드러낸다. 엄밀하게 말해 『남한산성』은 김훈의 상상력이 직조해낸 병자호란이므로 기록의 사실성 여부만으로 소설적 성취를 평가해서는 안 된다. 물론 역사소설이 역사의 진실을 임의적이고 자의적으로 왜곡해서는 안 된다는 사실만큼은 명백하므로 객관적 실증성을 확보하는 것은 역사소설의 가장 기본적인 전제조건임에 틀림없다. 하지만 지금 독자들이 역사소설에 열광하는 이유는 역사적 사실의 확인에 있는 것이 아니라 역사적 격변을 몸소 체험했던 그 시대 인물들의 내면의 고뇌와 은폐되고 왜곡된 역사적 진실의 복원에 있다는 사실을 반드시 기억할 필요가 있다. 최근 역사소설의 방향이 팩션화로 기울어져 가는 이유도 바로 여기에 있는 게 아닐까 싶다.

『남한산성』에서 가장 비판적으로 읽어내야 할 역사적 문제의식은 당대 정치가들의 무능과 언변의 사사로움에 있다. 당대 역사의 총체적 위기는 권세에 대한 탐욕에 사로잡혀 백성들의 안녕을 지켜내지 못한 무능한 정치가들의 행태에서 비롯되었지만, 그 역사적 상처를 고스란히 떠안은 결과는 백성들의 피폐한 삶이었다. 전란의 책임을 둘러싸고 주전파와 주화파가 벌이는 논쟁은 언변의 사사로움을 드러낸 것에 불과할 뿐 민중들의 가난과 고통에 대해서는 전혀 관심을 기울이지 않았다. 이런 점에서 "지금 사대부들이 성첩에 올라와서 한 가지를 보면 열 가지를 말하고, 문자를 써서 무식한 군병들을 꾸짖고 조롱하며, 주역을 끌어대며 군의 길흉을 입에 올려 군심을 불안케 하니, 사대부들의 성첩 출입을 금하여주소서"(215쪽)라는 말은, 작가 김훈이 당대의 위정자들에 대해 가하는 비판적 목소리를 대변하고 있다고 해도 과언이 아니다. 이는 정권을 잡는 데 혈안이 되어 민생정치를 외면한 채 정쟁의 장으로 심각하게 변질되어 버린 우리의 정치 현실을 알레고리적으로 보여주는 현실적 유효성을 지니고 있기도 하다. 지금 우리가 진정으로 필요로 하는 정치현실은 남한산성이라는 고고한 성에 갇혀 굶주려 죽어가는 민중들의 생명을 어떻게 하면 구제할 수 있을까를 고민하는 데 있다. 따라서 김훈은 인조임금과 김상헌, 최명길과 같은 정치가들의 말과 행동에서 '치욕'과 '참혹'과 '참담'이란 비극성의 측면을 특별히 부각시킴으로써, 백성들의 피폐한 삶과 무관하게 자신들의 명분과 실리에만 매몰되어 있는 위정자들의 태도를 신랄하게 비판하고자 하는 것이다.

『남한산성』은 소설 전체가 비장미로 가득 채워져 있다는 점도 그동안의 역사소설과는 아주 다른 점이라고 할 수 있다. 우리에게 역사의 소설화는 영웅의 호출과 신비화라는 전략적 기획의 산물이었다고 해도 과언이 아니다. 언제나 역사는 영웅만들기의 신화를 효율적으로 제도화하는 데 이용당한 측면이 있기 때문이다. 그래서 역사소설의 대부분은 영웅담 서사구조의 충실한 재현이었고, 영웅의 일생을 다룬 역사소설은 시련을 거치는 과정에서조차 신비로운 능력을 발휘해 위험과 위기를 해소해나가는 탁월한 능력을 보여주었다. 이 때문에 지금까지의 역사소설은 대체로 영웅의 편에서 영웅의 말과 행동을 재생산하는 영웅중심주의적 관점으로 일관하였다. 이와 달리 김훈의 소설적 지향은『칼의 노래』에서부터 영웅의 무용담을 전면에 내세우기보다는 영웅의 숨겨진 이면과 내면의 고뇌를 보여주고자 했다는 점에서 특별한 의미를 지닌다. 또한 그의 소설은 역사를 제재로 했음에도 불구하고 사건의 기술보다는 민중들의 삶터와 그들의 일상적 고통에 더욱 애정을 보였다는 점도 특기할 만하다.『남한산성』을 읽은 독자들의 상당수가 임금과 신하들의 모습이 아닌 뱃사공과 서날쇠의 운명에서 자신을 성찰할 수 있었다고 말하는 것도 바로 이러한 소설적 특성에서 비롯된 것으로 이해할 수 있다. 또한『남한산성』에서 사대부들의 모습은 주전파이든 주화파이든 더 이상 영웅의 모습으로 형상화되지 않는다. 그들은 백성들의 피폐한 삶은 물론이거니와 자신들의 삶조차 지켜낼 수 없는 실패한 영웅의 모습에 다름 아니다. 결국 김훈은 역사의 소설화를 통해 영웅을 호출하기보다는 인간을 불러내고자 했다. 역사는 영웅의 운명으로 이루어지는 것이 아니라 다양한 인간들의 비장한 현실이 만들어가는 것이란 점을 특별히 강조하고자 했던 것이다.

4) 독자의 목소리와 소설의 방향

차미령이 정리한 『남한산성』에 대한 독자 리뷰는 이 소설이 독자들에게 왜 많이 읽히는가에 대한 해답의 차원을 넘어서 앞으로 전개될 우리 소설의 방향을 조심스럽게 내다보게 한다는 점에서 중요한 자료로서의 의미를 지닌다. 독자들은 『남한산성』에서 간결하고도 매서운 문장이 형성해내는 문체의 힘을 발견하고, 은폐된 혹은 왜곡된 역사의 한 면을 새롭게 읽어내며, 고립무원 상태에 처한 인물들의 인간적 고뇌가 만들어내는 비장미에 감동한다. 급격한 역사의 소용돌이와 절박한 인간들의 상처와 고통을 마주하면서도 어설프게 감정을 노출하거나 눈물샘을 자극하는 신파조로 이야기를 이끌고 가지 않는 데서 역사의 객관성을 읽어내고, 무능한 위정자들로 인해 백성들이 겪는 수난의 역사를 보면서 연민과 분노의 감정을 동시에 느끼며, 민중들의 편에서 그들의 삶을 속속들이 들여다보려는 작가의 태도에 무한한 신뢰를 보낸다. 소설 속 인물들의 언쟁과 대립을 통해 무한경쟁사회를 살아가는 현대인의 자화상을 발견하고, 평이한 서사와 압축적인 전개에서 통속성을 극복하면서도 대중성을 확보하는 소설의 가능성을 찾아내며, 선택과 결정의 순간에 직면할 때마다 언제나 무기력한 인간의 모습과 이로 인해 겪을 수밖에 없는 역사의 잔인함을 비판적으로 성찰한다. 이처럼 독자들은 『남한산성』에서 복잡다단한 현실을 넘어서는 지혜를 찾기도 하고, 천편일률적인 역사 기술의 한계를 극복하는 역사소설의 새로운 국면에 열광하고 있다고 할 수 있다.

지금 우리 문학계에는 장편소설의 미래를 새롭게 열어감으로써 문학의 위기를 극복하는 하나의 가능성을 찾아보자는 논의가 있다. 장편소설이 자본주의 시대의 가장 대표적인 서사형식임을 감안할 때 장편소설의 활성화는 문학의 현실적 위기를 넘어서는 의미 있는 방향이 될 수 있다는 것이다. 그런데 정작 중요한 문제는 장편소설이냐 단편소설이냐와 같은 형식에 있는 것이 아니라 그것이 어떤 장편소설이어야 하는가와 같은 내용의 측면에 있다고 할 수 있다. 즉 소설 역시 시대의 변화에 따라 진화하고 발전하는 것이 당연하다면, 새로운 시대에 맞는 새로운 스타일로 적극적인 변화를 모색해야 하지만, 이러한 변화에서 결코 간과해서는 안 되는 것은 새로운 스타일이 형식과 내용을 모두 고려한 통합적인 지형 속에서 정립되어야 한다는 사실이다. 탈냉전시대의 사회역사적 현실을 어떻게 형상화할 것인가, 소설의 역사성 혹은 사회성과 대중성은 어떻게 만날 수 있는 것인가, 재현의 차원을 넘어 미학적인 관점에서 역사를 전유하는 방식은 어떠해야 하는가에 대한 진정성 있는 성찰을 담아내야 하는 것이다.

이런 맥락에서『남한산성』은 앞으로 우리 소설이 역사를 재구성하는 데 있어서 어떤 관점과 태도를 지녀야 하는가에 대한 중요한 문제의식을 담고 있다는 점에서 주목할 필요가 있다. 지금 독자들에게 역사는 이념이나 흥미의 차원을 넘어서 논자들과 필자들마다 서로 다른 개성과 문체 그리고 상상력의 차원에서 재구성되는 미적 차원의 것으로 인식되고 있기 때문이다. 그렇다면 누가, 어떻게, 역사를 미적인 것으로 전유하고 있는가 하는 점이 역사소설을 평가하는 기준이 될 것이고, 역사에 대한 교과서적인 해설을 뛰어 넘어 역사의 소설화에 내재된 미적 특성과 의미를 이해하는 것이 독자들의 주된 관심이 되어야 할 것이다. 다시 말해 독자들이 역사소설을 통해 진정으로 기대하는 것은 역사적 사실의 확인이 아니라 그동안 전혀 역사화되지 못한 개인성의 영역을 들여다보는 것이고, 설사 역사를 전면화한다고 하더라도 특정한 인물이나 이념에 의해 왜곡되거나 은폐된 역사의 또 다른 진실을 발견하고자 하는 데 있는 것이다.

김훈이 『칼의 노래』에서 창조해낸 '이순신'은 역사의 영웅이 아니라 국가이데올로기에 포섭되지 않는 내면을 가진 개별자이고, 권력의 중심에서 탈영토화하여 유목하는 인간의 표상적 기호(장석주, 『들뢰즈, 카프카, 김훈』, 작가정신, 2006, 41쪽)였다. 『현의 노래』의 '우륵'도, 『남한산성』의 민중들도 바로 이러한 반역사주의적 상상력의 토대 위에 자리 잡고 있다고 할 수 있다. 그의 소설이 역사를 주요 제재로 하고 있으면서도 역사적 사건을 정확하게 기록하거나 기술하는 거시적 측면을 강조하지 않고(그의 소설 말미에 붙어 있는 연표는 이런 점을 보완하기 위한 장치로 읽히는 측면이 있다), 몸을 정교하게 감각화하거나 특정한 대상을 섬세하게 관찰하는 미시적 시선에서 빛나는 문체를 보여주고 있는 것도 바로 이 때문이다. 그런데 이러한 김훈의 태도는 보수주의자의 노회한 시각으로 비쳐지기도 하는 것이 사실이다. 역사의 전개과정에서 제한된 유한성의 틀 안에서 합리적 가치판단을 하기 위해 애쓰고 싸워야 하는 것이 지식인의 올바른 태도라고 한다면, 너는 어느 쪽이냐고 묻는 질문 앞에서 스스로 냉소를 퍼붓기보다는 최선은 아니더라도 차선의 선택과 결정을 내려야 하는 것이 타당하다고 볼 수 있지 않겠는가. 그러나 김훈은 『남한산성』에서 김상헌과 최명길의 말과 글이 그러했듯, 어느 쪽도 진정성을 찾기 어렵다는 사실을 유독 강조함으로써 선택과 결정을 미루고 양자를 멀찌감치 객관적 시선으로 바라보고 있을 뿐이다. 이러한 태도는 역사적 제한성 혹은 유한성을 인정하지 않은 채 마치 문제의 핵심이 절대적 진리의 싸움인 것처럼 문장을 가파르게 이끌고 간다. 그리고 이러한 중립적 태도에서 출발하는 그의 산문은 정치적 대립을 가소롭게 여기며 표표히 움직이는 모습을 보여주는데, 이는 독자들의 관심을 증폭시키기는 중요한 요인으로 작용하기도 한다.(김진석, 「우충좌돌, 김훈과 홍세화 사이로」, 『문학수첩』 2005년 봄호, 396쪽) 선택과 결정을 강요한다는 차원으로 이해하고 받아들이기 전에 앞으로 그의 소설이 이와 같은 역사적 실존 앞에서 어떤 대답을 내놓으며 나아갈지 몹시 궁금하다. 이는 김훈의 소설에서 우리 소설의 희망을 찾고자 하는 한 사람의 독자가 지닌 어쩔 수 없는 관심일 수밖에 없다.

(『기획회의』, 한국출판마케팅연구소, 2007)

하상일

부산대학교 국어국문학과 졸
부산대학교 국어국문학과 박사
현 동의대학교 한국어문학과 교수

문학비평의 이론과 실제

초판 1쇄 발행 _ 2018년 12월 31일

저 자 · 하 상 일
발행인 · 정 현 걸
발 행 · 신 아 사
인 쇄 · 대명프린팅
주 소 · 서울특별시 은평구 통일로 59길 4 2층(122-826)
전 화 · (02) 382-6411 **팩스** · (02) 382-6401
홈페이지 · www.shinasa.co.kr
E-mail · shinasa@daum.net
출판등록 · 1956년 1월 5일(제9-52호)

ISBN: 978-89-8396-301-7 (93800)

정가 14,000원

이 저서는 교육부의 산업연계교육활성화선도대학(PRIME)사업 사업비를 지원받아 집필한 저서임